중2 학습
완전 정복

북오션은 책에 관한 아이디어와 원고를 설레는 마음으로 기다리고 있습니다. 책으로 만들고 싶은 아이디어가 있는 분은 이메일(bookrose@naver.com)로 간단한 개요와 취지, 연락처 등을 보내주세요. 머뭇거리지 말고 문을 두드리세요. 길이 열릴 것입니다.

중2 학습 완전 정복

초판 1쇄 발행 | 2016년 1월 29일
초판 2쇄 발행 | 2016년 2월 22일

지은이 | 이지은
펴낸이 | 박영욱
펴낸곳 | 북오션에듀월드

편 집 | 권희중 · 이동원
마케팅 | 최석진 · 임동건
표지 및 본문 디자인 | 서정희 · 심재원
세무자문 | 세무법인 한울 대표 세무사 정석길(02-6220-6100)

주 소 | 서울시 마포구 월드컵로 14길 62 (서교동), 4F
이메일 | bookrose@naver.com
페이스북 | facebook.com/bookocean21
블로그 | blog.naver.com/bookocean
전 화 | 편집문의: 02-325-9172   영업문의: 02-322-6709
팩 스 | 02-3143-3964

출판신고번호 | 제2015-000126호

ISBN 978-89-6799-250-7 (43370)
세트 978-89-6799-248-4 (44370)

중2 학습
완전 정복

이지은 지음

북오션
에듀월드

슬럼프를 '멋지게' 극복하는 공부법

곧 중학생이 된다는 긴장으로 가득했던 예비 중학생, 다닐 만하다고 생각했던 중학교에서 성적에 뒤통수를 맞는 중1, 이 시기를 지나면 중2가 된다.

학교생활은 익숙해졌고, 공부는 맘먹고 하면 할 것도 같지만 확실한 방법은 모르겠고, 무의미한 공부 말고 내 인생을 멋지게 만들 뭔가를 찾으며 생각이 많아지는 시기, 사춘기가 절정에 이르러 몸도 마음도 내 마음대로 되지 않으며 변덕스럽게 춤을 추는 감정 때문에 부모님 속을 뒤집는 시기, 중2란 참 복잡한 학년이다. 이런 심리 상태를 '중2병'이라 부르기도 한다.

이때는 공부 말고 딴 걸 해도 잘 못하지 않을까? 목표를 정하고 집중하여 실천하기에 중2는 잠도 많고 생각도 많아 좀처럼 안정이 안 되기 때문이다. 그래서 2학년 공부법의 큰 주제를 '슬럼프 극복'으로 정했다(각 학년의 특징을 고려해 중고등 공부를 시작하는 1학년에게는 '공부의 기본', 고등학교 진학을 앞두고 있는 3학년에게는 '고등학교 공부 준비'라는 부제를 달았으니 해당 학년이 아니라도 자신에게 필요한 내용이 있다면 그 책을 선택하자). 내의지로 극복되지 않는 부분도 분명히 있겠지만, 내가 방황의 시기를 겪고 있다는 것을 바로 알고 적절한 노력의 방법을 찾는다면 그냥 견디는 것보다는 훨씬 덜 답답할 것이다.

먼저 중2병은 사춘기의 치열한 성장을 의미하는 것임을 이해해야 한다(1장). 학습 의욕이 떨어지는 것도, 잠이 많아지는 것도, 세상에 대한 분노가 들끓는 것도 미숙한 전두엽과 민감한 편도, 부족한 신경 안정 물질 등의 영향이 크다. 공부 안되는 게 내 탓만은 아니라는 것이다.

그렇게 마음을 다듬어 놓은 후에 왜 이렇게 공부가 안되는지 원인을 생각할 수 있고(2장), 나에게 맞는 공부법을 찾아볼 수 있다(3장). 공부를 하더라도 긴 시간 앉아있는 것보다 굵고 짧게 집중력 있는 공부를 해야 한다(4장).

감정 조절이 쉽지 않은 사춘기 때는 무엇에든 부정적인 마음
을 품기 쉽다. 욕 섞인 말에 수업 시간에는 자고 숙제도 대충대
충 하는 일상이 반복되면 공부는커녕 내 인생도 그냥 그렇게 흘
러가고 만다. 중2는 어느 때보다 바른 태도에 대한 인식이 필요
하다. 그래서 바른 마음으로 바르게 공부해야 한다는 내용들도
넣었다(5장). 학기와 학년이 끊어지는 방학은 뒤엉켜 흘러가던
슬럼프를 멈출 수 있는 좋은 계기가 된다. 방학 때 어떤 노력을
하면 좋을지도 생각해보자(6장).

방황하며 흘러가는 열다섯 살이지만 마음속에는 멈추지 않는
꿈이 있어야 한다(7장). 떨어진 성적에 자신감도 덩달아 떨어졌
을 것이다. 그래도 꿈은 꾸자. 매일 크고 작은 꿈들이 이루어지
는 상상을 하고 그렇게 얻어진 싱그러운 에너지로 긍정적인 노
력들을 해야 한다.

어떤 사람들은 중2병을 마치 난치병처럼 여기는 우스갯소리

를 한다. 하지만 직접 그 일상을 사는 중2들이 얼마나 힘이 드는지는 모를 것이다. 학교, 가족, 친구, 성적, 미래 등 인생의 모든 것은 나의 숙제다. 복잡한 걱정과 터질 것 같은 가슴은 혼자 견뎌야 할 비밀이다.

그래도 노력은 쉬지 말자. 공부를 한다고 모든 게 해결되지는 않겠지만 공부를 하며 느끼는 보람과 희열이 여러분을 살아나게 할 것이기 때문이다. 그것이 가장 멋지게 슬럼프를 극복하는 방법임을 명심하자. 전국의 중2 여러분, 파이팅!

2016년 1월

이지은

5장 / 바른 마음에서 바른 공부가 나온다

6장 / 방학, 슬럼프 극복의 기회

7장

그래도 꿈을 꾸자

공부하다 슬럼프에 빠지는 건 어쩔 수 없다. 노력하는 사람이라면 운동선수든 사업가든 누구나 휘청거릴 때가 있으니까. '나 왜 이러지?'라고 자책할 필요도 없다. 슬럼프를 계기로 조금 쉬면 된다. 맛있는 것도 많이 먹고 충분히 자고 신나게 놀자. 분명 며칠 지나지 않아 공부할 마음이 생길 것이다.

1장

중2병
다스리기

중2병, 치열한 성장

슬럼프가 정상이다

공부 포기로 악화되지 않도록

부모님께 함부로 하지 말자

공부가 하고 싶어지면 한다고?

01. 중2병, 치열한 성장

집이 이사를 하면서 세영이는 중2의 시작과 함께 전학을 했다. 얌전하고 소심한 성격 탓에 적응하기 어려워하지는 않을지 엄마는 걱정이 많았지만 세영이는 오히려 잘됐다고 생각했다. 새로 다니는 학교에서 자신의 이전 모습을 아는 사람은 아무도 없을 테니 활발한 성격으로 바꾸겠다고 다짐했다. 얌전하고 소심한 성격이 싫어서다.

"앞에 나가서 노래하고 춤 잘 추는 애들 보면 너무 부러워요. 선생님한테 아무렇지도 않게 질문하고 농담하는 애들도 신기하고요. 저는 내성적인 성격이라 잘 모르는 사람한테 무슨 말 하려면 한참 고민하거든요."

세영이는 친구들 앞에서 기죽지 않기 위해 최신곡의 노래와 춤을 완벽하게 연습했다. 전학 간 학교에서는 일부러 잘 노는 친구들을 골라서 사귀고 크게 웃으며 활발한 척했다. 처음 얼마간은 작전대로 잘 굴러가는가 싶었는데 시간이 지날수록 세영이는 지쳐갔다.

"학교에서는 요란하지만 집에 돌아오면 다시 조용해져요. 부모님은 내가 어떤 앤지 잘 아시잖아요. 집에서는 다른 사람이 될 수 없는 것 같아요. 그게 답답하기도 하고 나는 어쩔 수 없나보다 싶기도 해요."

세영이도 중2병을 앓고 있는 중이다. 사춘기의 문이 열려 내 세상을 구축하기 시작하기 시작한 청소년들은 시행착오를 겪으며 자신을 만난다. 세영이처럼 자신의 성격이 싫어 다중 인격자인 양 연기를 해보기도 하고 영혼 없는 사람처럼 멍해지기도 한다. 만사가 귀찮고 이놈의 세상이 다 싫어지며 잠이 쏟아지면 무기력하게 엎드려버리는 등 중2병은 다양한 모습으로 나타난다. 현기영 선생님은 이때를 '유년은 지나갔으나 그 빈자리를 채울 자아의 내용이 아직 형성되지 않아 괴롭고 불만스러운 시기'라고 했다.

돌 무렵 걸음마를 시작하고 일고여덟 살이 되면 이가 빠지듯 성장의 단계마다 공통적인 특징이 나타난다. 중2병도 마찬가지다. 표정과 말투가 달라지며 부모의 말이 도무지 먹히지 않는 사춘기의 특징이 중2 즈음 두드러지기 때문인데, 별명이 그런 것일 뿐 실제로 병은 아니다. 사춘기는 아이에서 어른이 되기 위한 급격한 변화의 기간이다. 어린 이가 빠지고 평생 써야 할

새 이가 나듯 아이들의 뇌도 어린이의 상태를 벗어나 어른의 뇌로 변하고 있는 것이다. 뇌가 변하니 생각이 변하고 생각이 변하니 행동이 변한다. 점차 어른이 되어가고 있기는 하지만 아직 서툰 것뿐이다.

한 학기 동안 성격을 바꿔보려고 애를 썼던 세영이는 다시 공부를 하기로 했다. 같이 놀던 잘 노는 친구들 몇몇이 자퇴를 했기 때문이다.

"저는 자퇴할 용기도 없는 것 같아요."

"자퇴하는 아이들은 자퇴가 무섭지 않을 만큼 상처가 큰 아이들이야. 너처럼 평범한 가정에서 부모님의 사랑을 받으면서 자란 아이들은 이해할 수 없는 상처들이지. 나중에는 자퇴한 걸 후회를 할지도 모르지만 지금은 어쩔 수 없을 거야."

멍하게 학교를 다니고 학교에서는 잘 노는 애인 양 가식적인 행동을 했으니 그동안 공부는 안중에도 없었다. 반에서 10등 안팎이던 성적은 30등 밑으로 떨어졌고 넌 왜 이렇게 생각 없이 사느냐며 부모님한테 혼도 많이 났다.

"그냥 성격대로 살아야 하는 걸까요?"

"네가 어떤 성격을 가졌더라도 넌 네 성격이 싫다고 했을 거야. 사춘기란 세상 모든 게 싫어지는 때니까."

"하긴 그랬을 것 같아요."

방황하는 동안 세영이는 많이 울었다. 선생님한테 혼나면 친구들 앞에서는 선생님 욕을 하며 센 척을 했지만 집에 와서는 엉엉 울었다. 부모님한테 혼나면 고개를 빳빳하게 들고 버텼지만 혼자 이불 속에 들어와 울었다. 내가 도대체 왜 이러는지 어떻게 말로 설명할 수 있을까? 어떤 날은 이유 없이 그냥 눈물이 나기도 했다.

소설가 황석영 선생님은 '성인이 되는 길은 마치 독립운동처럼 험난하고 외롭다'고 했다. 내 세상을 만들어가는 일이니 독립운동과 다를 바 없다. 아무도 내 마음을 몰라주니 그 외로움은 또 얼마나 큰지 모른다. 그렇다고 다시 아무것도 모르던 꼬맹이 시절로 돌아갈 수도 없다. 얼마나 많은 청소년들이 세영이처럼 힘들어하고 있을까? 말로는 중2병이라며 웃어넘기지만 그 속에는 이루 말할 수 없는 답답함과 서러움이 엉켜있을 것이다.

이유야 어쨌든 다 괜찮다. 그러면서 크는 거니까. 치열한 성장은 아무나 누릴 수 없는 아름다움이다. 성적이 떨어지고 엄마한테 혼나며 선생님한테 무시당할 수도 있다. 지금 내 모습이 어떻든 일단 덮어놓자. 힘들 땐 그냥 엎드려 조용히 기다리는 것이다. 그러다 시원한 바람이 불고 마음이 평온해지면, 다시 무언가 열심히 하고 싶어지면 그때 나를 바라보자. 중2병은 그냥 그렇게 지나가는 것이다.

02. 슬럼프가 정상이다

늘 영단어 카드를 들고 다니던 공부벌레 헌재가 웬일인지 오늘은 빈손이다.

"오늘 단어 공부는 다 한 거야?"

"아니요."

"그런데 왜 빈손이야? 잠깐 기다리는 동안에도 항상 영어 단어장을 봤었잖아."

"그러게요. 그냥 요즘 공부가 잘 안돼요. 귀찮기도 하고 지겹기도 하고요. 이런 공부 해서 뭐하나 짜증도 많아졌어요."

"슬럼프에 빠졌다 이 말이지?"

"흐음……."

"괜찮아, 다들 그러면서 공부하니까. 어떻게 사람이 매일 똑같을 수가 있겠니? 중학교 2학년이라면 슬럼프에 빠지지 않는 게 오히려 이상한 거야."

"그래요?"

이마를 손으로 짚어보자. 손으로 만져지는 부분으로부터 피부와 두개골을 지나 1~2센티미터만 안으로 들어가면 전두엽에 도달한다. 전두엽은 인간의 두뇌 중 가장 늦게 성장하는 부분으로 사고, 평가, 계획 등 가장 수준 높은 인지 작용이 이루어진다. 따라서 공부를 할 때도 전두엽의 기능이 매우 중요하다. 뇌의 다른 부분들은 태어날 때부터 완전한 상태이거나 유아, 초등학교 시절을 거치며 성장을 마치지만 이 전두엽은 중학교를 입학할 무렵에야 폭발적인 성장을 시작한다. 중학생들의 전두엽은 가파른 그래프를 그리며 성장하고 있는 중이다. 아직 완성되지도 않았고 충분히 훈련되지도 않았다는 얘기다.

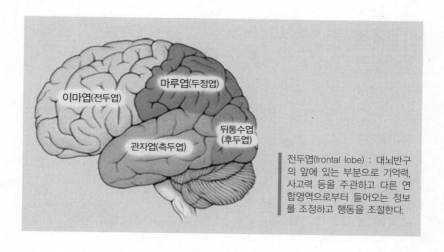

마루엽(두정엽)

이마엽(전두엽)

뒤통수엽
(후두엽)

관자엽(측두엽)

전두엽(frontal lobe) : 대뇌반구의 앞에 있는 부분으로 기억력, 사고력 등을 주관하고 다른 연합영역으로부터 들어오는 정보를 조정하고 행동을 조절한다.

"미처 다 크지도 않은 두뇌로 만만치 않은 공부를 하고 있으니 욕심만큼 잘 될 리가 있겠니? 계획이 잘 세워지지도 않고, 계획을 세워도 지키지 못할 때가 많잖아. 기분에 따라 공부가 잘되기도 하고 안되기도 하고, 잘 풀리던 문제가 갑자기 안 풀리기도 하고 말이야."

"그게 다 뇌의 작용 때문이라는 거예요?"

"상당 부분 그렇다고 할 수 있어. 학생들은 의지가 약하네, 게으르네 하면서 좌절하는데 사실 그렇게 자책할 필요는 없어. 아직 미숙한 전두엽의 탓도 크니까."

청소년들에게 한결같은 공부가 어려운 이유는 감정 기복이 심하기 때문이다. 아직 어린 전두엽이 수시로 변하는 감정의 흐름을 능숙하게 조절해내지 못해서다. 그러니 기분에 따라 그날의 공부가 좌우될 수밖에. 이성의 두뇌인 전두엽은 청소년기에 급격한 성장을 하고도 완만한 성장을 계속하여 27~30세에 이르러 생물학적 성장을 마친다. 그 이후로도 질적인 성장이 이루어지는데 뇌의 주인이 어떠한 노력을 기울이느냐에 따라 천차만별의 차이가 나며 인간의 전두엽이 가장 좋은 상태에 이르는 시기는 50대 후반이다. 이렇게 긴 전두엽의 성장을 생각하면 지금 우리의 두뇌는 어리다 못해 미숙한 상태라고 봐야 한다.

"그러니까 내 마음대로 공부가 잘되지 않는 건 당연한 거야. 슬럼프에 빠졌다는 건 그만큼 하려는 노력도 컸다는 의미니까 오히려 칭찬받을 일이지. 달리는 힘이 크면 부딪혔을 때 느껴지는 아픔도 크지 않겠어?"

"그렇게 말씀해 주시니까 좀 위로가 되네요. 그런데 왜 감정 기복이 심한 걸까요? 공부하다 마음이 상해버리면 진짜 아무것도 못하겠어요. 틀린 문제가 조금만 많아도 이래서 고등학교는 갈 수 있을지 생각이 많아진다니까요."

청소년들의 감정 기복이 심한 이유는 성인이나 아동들보다 더 많은 감정이 만들어지기 때문이다. 두뇌의 깊숙한 곳에는 편도체라는 기관이 있는데 공포를 느끼는 핵심 중추로 기쁨, 슬픔, 분노, 놀람 등과 같은 다양한 정서를 만들어낸다. 문제는 청소년기에 활발히 분비되는 성장호르몬이 편도체를 자극한다는 것이다. 따라서 청소년들은 감정의 기복이 심하며 수시로 불안, 공포와 같은 부정적인 감정에 시달린다. '나만 왕따당하지 않을까?' '이러다 고등학교도 못 가는 것 아닐까?' '이 많은 공부를 어떻게 다 하나?' 같은 고민이 쉴 새 없이 쏟아지는 것이다.

이렇게 부정적인 감정이 만들어지면 전두엽이 이성적인 통제를 해주어야 하는데 앞서 얘기했듯 우리의 전두엽은 아직 어리다. 능숙하게 감정 조절을 해내지 못하는 것이다.

청소년들의 감정 관리가 어려운 이유는 또 있다. 우리 뇌는 감정의 균형이 깨지면 이를 회복하기 위해 세로토닌이나 도파민 같은 신경 안정 물질을 분비하는데 청소년기에는 이러한 신경 안정 물질의 분비가 정상인 성인이나 아동의 40퍼센트 수준으로 감소하는 것이다. 성인이라면 우울증 진단 약물을 처방해

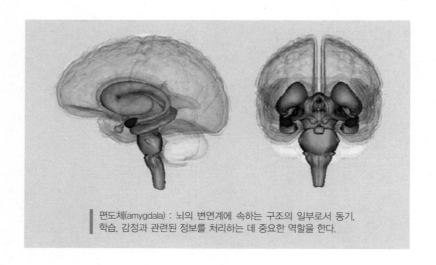

편도체(amygdala) : 뇌의 변연계에 속하는 구조의 일부로서 동기, 학습, 감정과 관련된 정보를 처리하는 데 중요한 역할을 한다.

야 할 정도다.

"초등학생보다 못한 모습을 보일 수도 있다는 거네요?"

"그렇지. 초등학생들은 선생님께 혼나면 '잘못했습니다' 하고 마는데, 중학생들은 반감을 갖기도 하고 대들기도 하잖아. 청소년들의 감정은 정말 민감한 상태인 거야. 특히 남학생들은 감정이 흔들릴 때 조심해야 할 필요가 있어."

"왜요?"

"청소년기에 분비가 줄어드는 신경 안정 물질이 남학생들에게 더 부족하거든. 그래서 남학생들은 게임이나 폭력적인 것에 빠질 위험이 더 커."

"아, 슬퍼라. 하긴 자습실에 있는 여자애들 보면 정말 독하게 앉아있더라고요."

"어때, 이 정도면 슬럼프에 빠지지 않고 공부를 하는 게 비정상이라 할 만하지?"

"네. 정말 그래요."

"헌재가 그동안 단어 카드를 들고 다니면서 매일 영어 공부를 한 건 진짜 대단한 거야. 요즘 잠깐 흔들리는 것 같은데 그것도 자연스러운 거고. 다시 균형이 잡히면 단어 공부를 시작하도록 해."

"네. 오늘은 단어 카드를 다시 보고 자야겠어요. 매번 감사하지만 오늘은 특별히 더 감사합니다. 부담 없이 공부를 시작할 수 있을 것 같아요."

공부하다 슬럼프에 빠지는 건 어쩔 수 없다. 노력하는 사람이라면 운동선수든 사업가든 누구나 휘청거릴 때가 있으니까. '나 왜 이러지?'라고 자책할 필요도 없다. 슬럼프를 계기로 조금 쉬면 된다. 맛있는 것도 많이 먹고 충분히 자고 신나게 놀자. 분명 며칠 지나지 않아 공부할 마음이 생길 것이다.

03. 공부 포기로
악화되지 않도록

동영이의 중2병은 무기력증이었다. 만사가 귀찮고 어떤 것에도 흥미가 생기지 않았다. 학교에서는 멍하니 있다가 잠이 오면 앞에서 누가 수업을 하든 그냥 엎드려 잤다. 엄마는 공부 스트레스가 심한 모양이라며 줄기차게 다녔던 학원을 모두 끊었다.

"공부가 힘들면 조금 쉬어. 대신 뭐라도 해. 취미 활동을 하거나 아빠랑 운동을 하든지. 하루 종일 게임만 하면 어떻게 하니? 머릿속이 뭐가 되겠어?"

동영이는 자신을 걱정하는 엄마마저 귀찮았다. 점점 엄마도 지쳐 잔소리도 끊어졌고 동영이는 오히려 그게 편하다고 생각했다. 그렇게 시간이 흘러 3학년이 되었지만 동영이는 좀처럼 갈피를 잡지 못했다.

"계속 놀다 보니까 어떻게 공부를 해야 할지 모르겠어요. 수업

들어도 하나도 모르겠고요. 고등학교야 뭐 동네 어디라도 가겠죠."

무기력증은 이전보다 나아졌지만 늘어져버린 생활 습관은 돌아오지 못했다. 수업 시간은 대부분 잠으로 보냈고 집에 와도 마땅히 할 일이 없으니 하던 게임을 계속했다. 놀던 아이들도 웬만하면 정신을 차리는 중3 2학기에도 동영이는 "나중에 할래요"만 반복할 뿐이었다. 고입을 앞둔 겨울방학도 잠과 게임으로 보냈다. 고등학교에 입학하고 나서야 엄마 손에 이끌려 못이긴 척 수학 학원에 등록했다.

"고등학교 생활은 어때?"

"힘들어요."

"어떤 점이?"

"그냥 다요."

동영이의 눈빛에는 아직도 반항이 남아있었다. 이제 괜한 반항을 할 시기는 지났지만 퉁명스럽게 말하고 생각하는 게 몸에 익어버린 듯 동영이의 태도는 망가져 있었다. 그래도 고등학교 올라와 마음을 잡고 정말 열심히 공부를 했단다. 하지만 성적은 중간을 밑도는 정도였다. 엄마는 중학교 때 공부를 전혀 안 했으니 당연한 결과라고 했지만 동영이는 자존심이 상해버렸다.

"내신 공부는 의미가 없는 것 같아요. 하나 틀려도 2등급이에요."

"그래서 안 하려고?"

"네."

"그럼 대학은 어떻게 갈래?"

"수능 잘 보면 되죠."

"1학년 내신은 다 수능에 필요한 공부야. 내신 포기하는 건 3학년 때 입시를 생각하면서 해도 늦지 않아. 지금부터 선택의 여지를 없앨 필요는 없잖아?"

"그래도 안 할래요."

오랜만에 공부 좀 해보려는 자신에게 세상이 호락호락한 모습을 보여주지 않자 동영이는 자신을 벼랑 끝으로 몰아세웠다.

"어차피 내신 안 볼 건데 학교를 다닐 필요가 있을까요? 자퇴하고 검정고시 보는 게 나을 것 같아요."

어디서부터 꼬인 걸까? 중2병을 너무 질질 끈 게 화근이었다. 만사가 귀찮고 공부하기 싫은 마음이야 누구에게나 생기기 마련이다. 맛있는 걸 먹거나 마음을 사로잡는 영화를 한 편 보면 호르몬 분비가 달라지는 게 사람의 두뇌인데(청소년들은 더욱 환경 변화에 민감하다) 그렇게 사소한 기회들을 그냥 지나쳐버린 것이다. 부모님이 모두 직장에 가고 다른 형제가 없으니 혼자 보내는 시간이 많았던 것도 무기력증을 부추긴 원인이다.

중2병으로 공부를 놓고 산다고 해도 보통은 한 학기 정도만 하강 곡선을 그린다. 방학을 기준으로 학기가 바뀌고 학년이 바뀌면 '3학년 때부터는 열심히 해야지' 하며 매듭을 짓기 때문이다. 하지만 동영이는 그러질 않았다. 고등학교야 어차피 동네에 있는 학교 아무데나 갈 것이니 공부는 고등학교 가서 해야겠다며 회복의 시기를 미룬 것이다. 그러는 동안 멍하니 아무 것에도 집중하지 않는 생활이 계속되었고 무기력은 습관처럼 굳어져버렸다. 고등학생이 되어 공부를 해보려고 했지만 생각만큼 잘되질 않는다. 마음속에는 '중학교 때 워낙 놀아서'라는 핑계만 남은 것이다.

"중학교 때 안 논 애가 어딨니? 괜한 열등감 가질 필요 없어. 다들 똑같은 입장이야. 다른 애들도 첫 시험 보고 충격이 클 거야. 지금부터 열심히 하면 돼."

"……."

대답이 없던 동영이는 끝내 내신 공부를 포기했다. 1학기를 마치고는 학교에 가지 않겠다고 버텼고 간신히 1학년을 마친 후에는 우리나라에선 공부 못하겠다며 캐나다로 떠났다. 더 좋은 환경을 위해서라고 했지만 내 눈에는 도망치는 것으로 밖에 보이지 않았다. 꼭 그래야만 했을까? 동영이가 넘지 못했던 것은 어려운 공부가 아니라 '하기 싫다' '할 수 없을 것 같다'는 마음이다.

중2병은 누구나 겪을 수 있는 자연스러운 성장의 모습이지만 그렇다고 질질 끌면서 광고할 만큼 자랑스러운 일도 아니다. 공부가 싫으면 푹 자고 신나게 놀면 그만이다. 방황이 너무 길어지지 않도록 하자. 한 학기 정도면 적당하고 1년이라도 상관없다. 단, 동영이처럼 모든 자신감을 잃고 포기하는 일이 있어서는 안 된다. 운동이든 취미든 무엇에라도 집중하며 또렷한 생각을 살려두자. 좋은 음악, 감동적인 영화, 생각할 거리를 던져주는 책과 함께라면 더할 나위 없이 훌륭한 방황이 될 것이다.

04. 부모님께 함부로 하지 말자

　엄마, 아빠의 절대적인 보호를 받는 유년기가 지나고 청소년기에 들어서면 함께하는 사람들이 달라진다. 부모보다 형제자매가 말이 더 잘 통하고 가족보다는 친구들이 편하다. 이제 우리에게 부모님은 용돈 주고 밥 차려주는 것 빼면 별 필요가 없는 존재로 느껴지는 것이다.

　사춘기는 독립적인 성인이 되어가는 과정이니 나를 절대적으로 보호하던 부모의 존재가 점점 불필요해지는 것도 당연하다. 하지만 부모님이 비참함을 느낄 만큼 함부로 말을 하거나 최소한의 예의도 없이 자기 마음대로 행동하는 것은 절대 삼가야 한다. 가끔 앞뒤 안 보일 만큼 감정이 폭발하기도 하는 중2병이지만 그래도 말과 행동을 조심하여 부모님과의 관계가 상하지 않도록 하자.

📚 갈등의 원인은 급성장

우리가 독립을 원하든 말든 부모님은 여전히 우리를 애 취급한다. 친구들 앞에서 뽀뽀를 하기도 하고, 입을 옷과 양말, 신발까지 챙기려 한다. 신기한 것은 내 친구들도 모두 같은 간섭을 경험한다는 것이다. 변한 건 부모님이 아니라 여러분이다.

사춘기가 되어 몸이 변할 즈음에는 뇌(마음)도 변한다. 아이의 뇌에서 어른의 뇌로 바뀌는 것이다. 사고력이 좋아지고 독립된 인격체가 되려는 의욕도 강해진다. 그 변화의 속도는 매우 빨라서 어색할 정도다. 가만히 생각해보자. 내 몸에 2차 성징이 나타나기 전(초등 저학년 무렵) 부모님과 나의 관계는 참으로 즐겁지 않았나? 엄마가 지금 어디냐고 묻는 것이 전혀 싫지 않던 시절이었다. 불과 몇 년 사이 우리는 다른 사람이 되어 버린 것이다.

한번 부모님 입장이 되어서 생각해보자. 부모님은 우리가 태어나던 날부터 지금까지 우리를 돌보셨다. 부모에게 15년 동안 자녀의 먹을 것과 입을 것, 안전을 챙기는 것은 숨 쉬기만큼이나 절대적인 습관이었다. 그래서 "밥은 먹고 돌아다니니?", "너 그렇게 입으면 춥다. 다른 거 입고 나와 얼른!", "지금 어디야? 오고 있어?"라고 체크하는 것이다. 부모님은 늘 해왔던 것을 할 뿐인데, 어느 날부터인가 자녀는 내가 알아서 한다며 짜증을 낸다. 최근 몇 년간 부모님의 마음속에는 황당함과 곤란함이 가득 찼을 것이다.

십대들은 어른이 될 준비를 하는 중이다. 우리들이 빠른 성장을 할 수 있는 이유는 그것이 본능적인 흐름이기 때문이다. 전두엽이 성장하고, 호르몬 분비의 도움을 받는다. 하지만 부모님은 그렇게 빨리 많은 변화를 받아들일 수 없다. 그저 품을 벗어나려는 자녀를 지켜볼 뿐이다. 우리가 지금까지 간섭이라고 여겼던 잔소리에는 이런 바탕이 깔려 있다.

📚 달라진 모습을 보여주자

넉넉한 용돈을 주고 어디에 썼는지 묻지 않으며, 내 방에서 무얼 하든 방문을 벌컥 열지 않고, 외출 시에는 알아서 들어올 때까지 문자나 전화를 하지 않는 부모. 십대들이 바라는 이상적인 부모의 모습은 이렇지 않을까? 여러분의 부모님이 그런 경지(?)에 이르기 위해서는 우리의 달라진 모습을 보여주어야 한다. 그것도 지속적이고 충분히 말이다.

하교 후 친구 집에서 숙제를 하기로 한 경우 집에 전화하는 걸 까먹었다면 부모님은 나에게 전화를 걸어 '너 어디야?'를 물을 수밖에 없다. 걱정과 의심을 거쳐 나온 질문이니 부드러운 말투를 기대할 수는 없다. 잔소리의 근원은 걱정이니 잔소리를 듣지 않으려면 걱정의 실마리를 제공하지 않아야 한다. 용돈이 부족하지 않도록 규모 있게 돈을 써야 하는 것은 기본이다. 집에 도착할 시간에 변동이 생기면 미리 연락을 하자. 친구들과 놀다

가도 부모님이 데리러 온다는 시간이 되면 약속 장소에 미리 나가 있어야 한다. 부모님이 방 청소를 한답시고 책상이며 소지품을 살피는 걸 싫어하는 친구들도 있을 것이다. 그렇다면 외출 전에는 항상 방을 말끔히 정돈해두어야 한다.

한두 번만 달라진 모습을 보여도 부모님은 칭찬을 하실 것이다. 하지만 거기서 그치면 안 된다. 칭찬을 한다는 것은 나의 행동을 주시하고 있다는 뜻이다. 부모님이 나를 완전히 믿어주기를 기대한다면 어른스러운 행동이 꾸준히 반복돼야 한다. 그래야 부모님 마음에 '알아서 잘하니까'라는 신뢰가 생긴다.

우리는 달라진 몸, 달라진 마음을 가지고 성장 중이다. 우리의 행동까지 달라진다면 부모님은 비로소 마음을 놓을 수 있을 것이다. '9시까지 들어올게요' 같은 약속을 철저히 지키고 그 실천을 지속하자. 그 신뢰 가운데 부모님은 '때 되면 들어오겠지' 하며 잔소리 없이 여러분을 기다릴 것이다.

📚 부모님과 대화할 때 지킬 것들

부모님이 자녀와 함께 상담을 하러 오는 경우 한쪽은 나가 있으라고 할 때가 많다. 서로 같이 있으면 솔직한 이야기가 나오지 않기 때문이다. 특히 자녀들은 부모님 앞에서 말이 거의 없다. 이말 저말 했다가 무슨 꼬투리가 잡힐지 모르니 아예 입을 닫아버리는 것이다.

우리는 사춘기를 지내며 나만의 생각, 감정을 갖게 된다. 부모님이 하는 말이면 무조건 좋았고 부모님의 결정대로 모든 것을 맡기던 시절은 이제 끝난 것이다. 조금 더 수준 있는 소통의 노력이 필요하다.

• 존댓말을 사용하자 : 반말은 감정이 담기기 쉽다. 부모님께 대답하면서도 "이거 다 형이 어질렀거든!"하며 친구에게 말하듯 해서는 곤란하다. 존댓말을 쓴다면 "형이 한 건데 형한테 치우라고 해주세요"라고 하게 되니 대화의 상황이 훨씬 부드럽다. 부모님께는 항상 존댓말을 사용하자. 불필요한 말실수를 줄일 수 있다.

• 아이 메시지(I-message)를 사용하자 : 아이 메시지는 상대방에 대한 비판을 피하고, 나의 감정과 생각으로 대화를 이끌어가는 방법이다. "왜 소리를 지르고 그래?"라고 상대방을 비판하는 말 대신, "소리를 지르니까 내가 큰 잘못을 한 것 같아요. 깜짝 놀랐어요"라고 표현하는 것이다.

이렇게 말하면 부모님도 자기도 모르게 큰 소리를 친 것에 미안함을 느끼게 된다. 의견 불일치가 있을 때 상대방을 비판하면 대화는 다툼으로 변질된다. 내 감정과 생각을 들여다보자. 무엇 때문에 서운하고 화가 났는지, 그 점을 말씀드리면 부모님과의 대화는 더욱 깊어질 것이다.

• 끝까지 듣고 이야기하자 : 대화 중 상대방의 말을 끊는 것은 분노를 자극한다. 내 말이 옳다 해도 상대방은 자신이 무시당했다는 감정을 씻지 못한다. 하고 싶은 말을 다 하지 못했으니 내가 말하는 도중에 끼어들 것이 뻔하다. 하지만 어떤 이야기든 끝까지 들어주면 상대방은 이야기를 하는 도중 감정을 정리하거나 자기 잘못을 인정하기도 한다.

부모님과 대화하는 중엔 부모님의 말씀을 끝까지 듣자. 들으면서 내가 어떤 말을 해야 할지 생각을 준비할 수 있고 욱한 감정으로 쏟아지는 말실수를 줄일 수 있으니 훨씬 설득력 있게 대답할 수 있다. 다 듣고 내가 하고 싶은 말을 하자. 부모님의 의견 중에 어떤 점을 동의할 수 없는지, 내 생각은 어떤지 등을 차분히 말하면 된다. 괜한 떼쓰기가 아니라면 부모님도 진지하게 들어주실 것이다.

📚 부모님도 나와 같은 사람이다

한때는 우리의 영웅이었던 부모님. 하지만 우리에게 판단력이 생겨나면서 슈퍼맨, 원더우먼 같던 부모님은 추락하고 만다. 자기 말만 하고 잘못을 인정하지 않으며 비인격적인 말을 하는 부모님의 모습에 우리는 충격에 가까운 실망을 한다. 하지만 부모님도 나와 같은 사람이다. 그래서 우리들처럼 부족함이 많고 실수투성이다.

중학생 자녀를 둔 부모님의 나이는 40대 중후반에 해당한다. 청소년들의 사춘기와 같이 중년의 부모님들도 몸의 변화를 겪는다. 시력이 떨어진 것 같아 안과에 가보면 노안(老眼)이라며 돋보기를 맞추라는 진단을 받는가 하면 소화가 잘되지 않는다거나, 땀의 양이 줄고 잠에 쉽게 들지 못하는 날도 있다. 몸은 서서히 힘이 빠지고 있는데 일의 양은 줄지 않으니 위염이나 디스크 등 평소 약했던 부분에 병이 생기기도 한다.

나이 든 부모님(할아버지, 할머니)이 갑자기 돌아가시거나 부양의 부담이 생길 수도 있을 것이다. 그러다 보면 자신들의 노후도 걱정되지 않을까? 나이가 들어간다는 이상한 느낌은 부모님을 깊은 고민 속으로 빠뜨린다.

자녀의 문제는 어떨까? 날마다 쑥쑥 크는 자녀를 바라보며 몸이 아픈지도 세월이 흐르는지도 모르고 살다가 어느 날 자녀로부터 "내가 알아서 해요. 신경 쓰지 마세요"라는 말을 듣고 나면 충격일 수밖에 없다. '난 일하고 돈 버는 기계인가?', '애들 시중드는 사람인가' 하는 허탈함에 감정이 격해질 수도 있다.

부모님도 나와 같은 사람이다. 우리는 부모님이 내 마음을 몰라준다고 투덜거리지만 생각해보면 우리가 부모님 마음을 더욱 모른다. 부모님과 갈등이 있다면 부모님의 입장이 되어보자. 그 '사람'의 인생이 애달프게 느껴진다면 우리도 조금씩 어른이 되어간다는 신호다.

05. 공부가 하고 싶어지면 한다고?

"너 왜 이렇게 공부 안 하니?"

"할 거야."

"언제?"

"하고 싶어지면."

"하이고! 네가 언제 공부하고 싶을 때가 오겠니?"

빼질거리며 공부 안하는 사춘기 자녀가 있는 집이라면 흔히 들을 수 있는 대화다. 아이들은 누가 시켜서 억지로 하는 공부는 하기 싫다고 항변한다. 하는 척은 할 수 있겠지만 영혼 없는 공부는 의미도 없고 집중도 안 된다는 것이다. 어른들 걱정만큼 아이들이 공부를 전혀 안 하는 것은 아니다. 문제는 공부가 진심으로 하고 싶은 순간이 자주 오지 않는다는 것이다. 만약 사람들이 진심으로 밥을 먹고 싶을 때만 식사를 한다면 어떨까?

인류는 먼 옛날 멸종했을 것이다.

공부의 생명은 꾸준함이다. 기분에 따라 띄엄띄엄 하는 공부가 실력을 높이지 못하는 이유는 그 사이에 공부한 내용을 까먹어서이기도 하지만 공부를 소홀히 하는 동안 공부에 대한 욕구가 떨어지기 때문이다. 욕구가 떨어질수록 공부는 더욱 가끔 하게 되며 공부하면서 자연스럽게 형성되는 공부 습관이나 요령을 습득할 기회도 드물어진다. 그러니 공부를 '하고 싶다'는 감정에 맡겨놓아서는 곤란하다.

📚 속마음 1 : 은근한 자신감

공부가 하고 싶어지면 하겠다는 아이들 마음속에는 어떤 생각이 들어있을까? 사실은 은근한 자신감이 깔려 있다. 안 해서 그렇지 마음먹고 하면 언제든지 잘할 수 있단다. 지금은 복습도 안 하고 수업도 대충 듣고 있지만 무슨 내용인지 파악은 하고 있으며 시험 때 바짝 벼락치기하면 어느 정도 성적은 낼 수 있다는 것이다. 그러다 한두 번 벼락공부를 해서 성적이 나오면 간덩이가 더 커진다. 공부가 하고 싶지 않으면 그나마 벼락치기도 하지 않게 된다. '성적이야 벼락 좀 치면 나오는 건데 뭐'라는 생각이 드는 것이다.

이 위험하고 건방지고 교만하기 짝이 없는 생각이 잦아드는 것은 중3쯤 되어서다. 고입을 앞두고 슬슬 긴장과 걱정이 커지기 시작하면 대부분은 성적도 조금씩 회복하며 자리를 잡아간다.

그렇다고 마냥 버티지는 말자. 벼락치기라도 해도 기본적인 교과 지식을 가지고 있어야 한다. 벼락치기도 할수록 요령이 생기는 법이어서 스스로도 놀라는 집중력과 마감 효과를 경험하게 될 것이다.

📚 속마음 2 : 하긴 해야 되는데

'공부가 하고 싶어지면 하겠다'에 숨겨진 두 번째 속마음은 두려움과 미룸이다. 공부를 하고자 하는 마음은 있지만 공부와 정면으로 마주치고 싶은 용기는 없어서 머뭇거리는 것이다. 하지만 너무 생각이 많아져서는 안 된다. 성적을 만드는 것은 '공부해야 되는데' 같은 생각이 아니라 우선 책을 펼치는 행동이기 때문이다.

내일 영어 쪽지 시험이 있다고 하자. 이성의 뇌보다 감정의 뇌가 활발히 작동하는 청소년들은 본격적으로 공부하기 전에 한숨부터 쉰다. 단어 외우는 동안의 지겨움이 먼저 떠올라서다. '나중에 외워야지', '외우고 싶어지면 외워야지' 하고 미뤄두지만 그렇게 피하기만 하는 사고방식으로는 몸과 마음이 하나 되어 단어 외우기를 갈망하는 순간은 영원히 오지 않는다. 따라서 일단 공부해야겠다는 생각이 떠오르면 뭉그적거리지 말고 일단 몸부터 움직이는 게 상책이다.

📚 공부의 순서는 '몸 → 머리 → 마음'

메가스터디의 손주은 대표는 '공부는 엉덩이로 한다'고 했다. 그 다음 머리가 따라오고 마음은 제일 마지막이라는 것이다. 오랜 시간 많은 학생들을 가르치고 대학에 보내 본 선생님으로서 할 수 있는 매우 통찰력 있는 결론이다. 100퍼센트 동의한다.

내 감정이 어떻든 손이 가방을 열어 책을 펴면 성공이다. 손이 가는 곳은 눈이 따르게 마련이고 눈이 가는 곳은 뇌가 따른다. '몇 페이지였더라?', '어, 여기다' 하면서 내용을 살피게 되고 '스무 개 정도 되네', '아는 단어가 좀 있나?' 하면서 나도 모르게 단어를 읽고 있는 것이다. 머리는 이렇게 작동한다. '공부하고 싶다'는 마음의 절차는 없어도 된다는 것이다. 아는 단어가 다섯 개만 있어도 안심이다. 그렇게 공부할 내용을 훑어만 봐도 훨씬 마음의 부담이 줄어들며 전혀 외울 마음이 없던 상태에서 해볼 만한 상태로 호전된다.

공부가 간절히 하고 싶어서 하는 사람은 없다. 매 순간 마음을 다독이고 몸을 먼저 움직이자. 공부하고자 하는 마음은 자연스럽게 따라오게 될 것이다.

왜 이렇게
공부가 안되지?

01. 내 공부를
방해하는 괴물은?

중간고사까지 순탄하게 공부를 해온 헌재가 슬럼프에 빠졌다. 초여름의 갑작스러운 더위에 지친 탓일까? 눈에도 힘이 없고 늘 단정하던 교복도 흐트러졌다. 슬리퍼를 질질 끌고 상담실에 들어온 헌재가 털썩 주저앉는다.

"요즘 정말 공부 안돼요."

"왜?"

"너무 놀아서 그런가? 중간고사 끝나고부터 좀 긴장이 풀리긴 했어요. 그래도 예습, 복습은 하려고 했었는데, 5월에 스승의 날도 있고 놀 일이 많잖아요. 우리 학교는 체육대회도 했거든요. 수업 없는 날이 몇 번 겹치니까 예습, 복습하던 리듬이 완전 깨지는 거예요. 몇 번 빼먹다 보니까 요즘은 거의 안 해요."

"이런, 완전 괴물에 잡아먹혔구나."

"괴물이요?"

"그래, 공부 잡아먹는 괴물."

"그런 것도 있어요?"

"있지. 한 번 잡히면 좀처럼 벗어나기가 어려워서 이전 상태로 돌아가려면 처음보다 몇 배의 힘이 들어. 우리 같이 괴물 사냥을 한번 해볼까?"

누구나 공부하기 싫어질 때가 있다. 공부가 안되는 것에는 분명 무언가 이유가 있는 법인데 학생들은 덮어놓고 공부를 피하기만 할 뿐 무엇이 문제인지 알려고 하지 않는다. 슬럼프를 핑계로 공부를 미루고 싶은 마음이 생기기 때문이다.

하지만 공부하기 싫은 마음은 시간이 갈수록 눈덩이처럼 불어나는 법이다. 이때 마음을 바로잡아야 한다. 그렇지 않으면 다시 원래의 자리로 되돌아오는데 훨씬 많은 시간이 걸리고 힘도 더 많이 들게 되기 때문이다. 놀만큼 놀았다면 다시 평소 공부로 돌아와야 한다.

공부가 안되는 것을 컨디션 문제로만 여겨서는 곤란하다. 단지 기분이 안 좋거나 몸이 안 좋아 그렇다면 하루만 지나도 전날보다 나은 상태가 되기 때문이다. 공부에 대한 무기력한 감정이 일주일 이상 지속된다면 내 공부를 방해하는 무언가가 있다고 봐야 한다. 문제가 무엇인지 인식만 해도 한결 부담이 덜하다. 무엇이 나의 공부를 방해하는 걸까? 먼저 내 공부를 방해하는 괴물을 찾아보자.

Action	괴물 찾기

1. 작은 포스트잇과 펜을 준비한다.
2. '내 공부를 방해하는 요인은 무엇인가?' '내 공부의 문제점은 무엇인가?'를 떠올려 본다.
3. 포스트잇에 2번의 답(괴물)을 떠오르는 대로 적는다.
4. 포스트잇 한 장에 괴물 하나씩을 적어 벽에 붙인다.
5. 비슷한 특성을 가진 것끼리 묶어본다.

"너무 깊게 생각하지 마. 괴물은 가까운 곳에 있는 법이니까."

"'놀고 싶은 마음'도 괴물이라고 볼 수 있는 거예요?"

"당연하지."

"스마트폰, 엄마 잔소리 같은 것도 다 써야겠네요."

"그것 때문에 공부가 방해된다면."

"되게 많아요. 저는 배고파도 집중이 잘 안되거든요. 책상이 지저분하면 그것도 신경 쓰이고요. 텔레비전도 한번 보기 시작하면 재밌는 거 다 끝났는데도 계속 누워서 이것저것 봐요."

"다들 그렇지 뭐. 떠오르는 대로 써봐."

> 스마트폰, TV, 소설, 만화, 친구들, 잠, 게임, 당구장, 귀찮음, 게으름, 미루기, 잡념, 잔소리, 동생, 졸음, 부담감, 어려운 문제, 놀고 싶은 마음, 배고픔, 딴짓

"다 썼어요."

"뭔가 공통점을 찾을 수 있겠니? 비슷한 특성을 가진 것들끼리 묶을 수 있을 것 같은데?"

"그래요? 전 잘 모르겠어요."

학생들이 적은 공부 괴물들은 대부분 '공부 시작을 방해하는 것'과 '공부 몰입을 방해하는 것'으로 나뉜다. 책상 밖에서 벌어지는 것이면 공부 시작을 방해하는 괴물이고, 책상 앞에서 벌어지는 것이면 공부 몰입을 방해하는 괴물이다.

"어? 정말 그러네요."

"어느 쪽이 많은 것 같아?"

"공부 몰입을 방해하는 쪽이요."

"그나마 다행이다."

"다행이라뇨?"

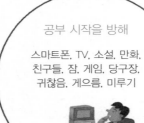

공부 시작을 방해

스마트폰, TV, 소설, 만화,
친구들, 잠, 게임, 당구장,
귀찮음, 게으름, 미루기

공부 몰입을 방해

잡념, 잔소리, 동생, 졸음,
막막함, 부담감, 어려운 문제,
놀고 싶은 욕구, 배고픔, 딴짓

"어쨌든 공부를 하고 있다는 뜻이니까. 공부 경험이 많지 않다면 공부 시작을 방해하는 쪽의 괴물들이 더 많거든.

"이제 괴물들을 어떻게 때려잡죠?"

"어느 쪽을 먼저 잡는 게 좋을까?"

"음…… 공부 시작을 방해하는 것들부터 잡아야 하지 않을까요? 어쨌든 공부를 시작해야 하잖아요."

"틀렸어."

"네?"

TV나 귀찮음 등으로 공부 시작을 미루는 이유는 공부 계획이 구체적이지 않기 때문이다. 어렵게 책상에 앉았더라도 '뭘 공부하지?', '다른 애들은 뭘 하나?' 같은 잡념에 주의를 빼앗기기 마련이다. 하지만 공부 몰입도가 높으면 다음 공부에 대한 기대가 생기기 때문에 공부 시작이 수월하다. 즉, 공부 시작을 방해하는 괴물은 공부 몰입을 방해하는 괴물을 잡으면 자연스럽게 해결되는 것이다.

"공부가 잘될 때는 스마트폰이나 TV의 유혹에도 잘 빠지지 않잖아. 공부 속도도 빠르고."

"맞아요. 한 가지 끝내고 다음 공부로 넘어갈 때도 뭉그적거리지 않아요."

"그래서 공부가 안될 때는 공부 몰입을 회복하는 게 우선이야."

"그럼 공부 몰입을 방해하는 괴물은 어떻게 잡아요? 저는 특히 잡념이 걱정이에요. 집중은 잘 안되는데 눈에 보이는 게 아니니까 진짜 짜증나거든요."

"보통 잡념 때문에 집중이 안된다고 생각하는데 사실은 반대야. 집중력이 떨어졌기 때문에 그 자리를 잡념이 대신 채우는 거거든. 집중이 안되는 상태에서 억지로 공부를 이어가려고 하니까 손에는 책이 있어도 머리에는 딴생각이 가득한 거지. 당연히 학습 효과도 안 나고."

이미 잡념에 휩싸인 다음에는 잡념을 떨쳐내기가 어렵다. 공부 몰입을 방해하는 괴물을 잡는 가장 좋은 방법은 괴물이 나타날 기회를 주지 않는 것이다. 집중의 정도를 의식하면서 공부해야 한다는 의미다. 집중력이 떨어질 만하면 의도적으로 1~2분 정도 쉬는 시간을 가져서 환기를 하고 다시 마음을 정돈하여 공부하는 게 좋다.

"공부의 단위를 작게 나누는 것도 도움이 돼. '수학 공부해야지' 하는 것보다 '오늘 복습할 부분 7문제 풀어야지'라고 생각하

공부 회복 흐름

공부 점검	오늘 공부 시작	다음날 공부로 연결	평소 공부 회복	밀린 공부 보충 계획
한동안 공부를 쉬었다면 당장 공부 시작하는 것이 어렵다. 공부하던 책을 펼쳐보며 당장 오늘 실천할 수 있는 공부 분량을 정하자.	10분이라도 집중력 있게 하는 공부가 중요하다. 일단 공부를 시작하면 다음날 공부도 막막하지 않고 다른 공부로 확장하는 것도 쉽다.	전날보다 훨씬 공부 시작이 수월함을 경험할 수 있다. 전날 조금 했던 공부를 이어가거나 분량을 늘려보자.	이틀만 공부를 해도 성취감이 크다. 손을 놓았던 과목들도 공부 계획을 점검하며 평소 공부를 회복하자.	평소 공부 리듬이 안정되면 그간 밀려있던 공부에 대한 보충 계획을 마련하자. 주말을 활용해 조금씩 보완해나가고 재량 휴업일 공휴일 등 여유시간을 활용해야 한다.

면 '뭘 풀어야 되나?' '어디까지 풀지?' 같은 생각을 안 하게 되거든. 몰입이 깨지는 건 순간이라서 괴물이 끼어들 틈을 주지 말아야 해. 그게 집중력을 유지하는 비결이지."

"그건 그래요. 그런데 구체적인 생각이 떠오르지가 않아요. 복습을 꾸준히 할 때는 '오늘 어디 풀어야지'라고 구체적으로 생각을 할 수가 있었는데요. 복습이 몇 번 밀리니까 어디를 풀어야 할지 모르겠어요."

"그러니까 성실한 공부가 중요한 거야. 지금처럼 공부 리듬을 잃었을 때는 공부 시작이 어렵지. 막연히 생각만 하면 더 어려울 거야. 직접 책을 펼쳐서 확인해봐. 복습이 얼마나 밀려 있는지 눈으로 봐야지. 페이지를 적다 보면 오늘 해야 할 분량을 금방 알게 될 거야."

슬럼프에 빠지거나 이런저런 이유로 공부가 중단되었다면 공부 시작을 방해하는 괴물에게 잡혀먹기 쉽다. 그때는 공부를 하겠다는 부담보다 공부 계획을 점검하는 것이 우선이다. 밀린 부분은 과감히 덮어두고 오늘 실천할 수 있는 분량에 집중하자. 그렇게 해서 구체적인 공부 계획이 마음속에 그려지면 다음날부터는 공부 시작이 수월해질 것이다.

02. 5WHY, 성적 정체의
두목을 잡아라

공부를 하다 보면 뭔가에 발목이 걸려 앞으로 나가지 못할 때
가 있다. 잘못된 습관일 수도 있고 환경에 문제가 있을 수도 있
다. 한 자리를 맴돌며 같은 함정에 빠지지 않기 위해서는 문제
의 근본적인 원인을 제거해야 한다. 내 성적을 잡고 있는 괴물
은 무엇인가? 그 문제는 왜 생겨났는가? 뿌리까지 거슬러 올라
가 성적 정체의 두목을 잡아보자.

중간고사를 마친 헌재가 영 마뜩찮은 얼굴로 상담실을 찾았다.

"표정이 왜 그래? 혼날까봐 먼저 인상 쓰는 거 아냐?"

"아니에요. 이번에는 엄청 열심히 했단 말이에요. 그런데도
그냥 논 애들이랑 점수가 비슷해요. 진짜 힘 빠진다니까요."

"그냥 논 애들이 어디 있겠어. 괜히 네 눈에만 그렇게 보였겠지."

"꼭 걔네들이 아니라도 지난 번 시험보다 점수가 못 나온 과

목도 있어요."

"그래? 어떤 과목이?"

"과학이요. 영어는 외워야 할 걸 안 외워서 틀린 게 좀 있고 수학은 시간이 부족해서 찍은 게 있어요. 그런데 과학은 이유를 모르겠어요. 시험 딱 봤을 때는 완전 잘 봤다고 생각했는데 채점 하고 보니까 완전 헐."

"1학기 때도 그랬었니?"

"네, 과학 점수가 항상 낮았어요. 그래서 방학 때 학원까지 다녔거든요. 영·수는 학원 다녀도 과학 학원 다니는 애들은 별로 없잖아요. 그렇게 열심히 했는데도 다른 애들보다 과학 점수가 낮아요. 왜 그럴까요?"

분명 뭔가 문제가 있는데 해결되지 않고 계속 반복된다면 무언가 근본적인 원인이 남아있다는 뜻이다. 문제의 원인은 쉽게 찾아지기도 하지만 예상치도 못한 곳에 숨어 있기도 한다.

"이유를 잘 생각해봐. 어떤 학생은 아침밥을 거르게 되는 원인을 생각하다가 부모님께 TV 금지령을 내리기도 했어."

"부모님이 텔레비전을 보면 안 된다고요?"

"그래. 늦게 귀가하시는 부모님이 텔레비전을 보면서 식사를 한다는 거야. 자연히 그 학생도 함께 야식을 먹고 텔레비전을 보다가 늦게 잠이 드는 거지. 그러니 아침에 일어나기도 힘들고 밥맛이 없을 수밖에. 그래서 부모님이 늦은 밤 텔레비전을 보지 않아야 한다는 결론을 냈어. 저녁 식사를 금지할 수는 없잖아."

"그래서요?"

"처음에는 부모님도 허전하고 이상했지. 텔레비전을 보면서 쉬는 재미도 있으니까. 그런데 며칠 하다 보니까 더 좋더래. 텔레비전을 보지 않으니 식사도 빨리 마치게 되고 부모님의 취침 시간도 빨라졌거든. 자연히 그 학생도 텔레비전을 보지 않게 되었고 야식의 유혹도 줄었지."

"우와, 대단한데요? 그럼 저의 과학 성적이 왜 오르지 않는지 그 원인도 찾을 수 있을까요?

"물론이지. 같이 생각해보자."

문제를 명료하게 파악하고 근본적인 원인을 세밀하게 조사하기 위해서는 5WHY 기법을 사용하면 좋다. 5WHY는 불량, 고장 현상이 발생하는 원인을 해석하는 수단으로 규칙적인 순서에 의해 '왜'를 반복함으로써 요인을 빠짐없이 찾아내는 분석 방법이다. 공부뿐 아니라 성과 창출을 위한 경영 컨설팅에서도 많이 쓰인다.

"5WHY요?"

"응. '왜'를 다섯 번 묻는다는 뜻이야. 물론 그 이상 물어도 상관없지. 예를 한번 볼까? 미국의 제퍼슨 기념관에서 실제 있었던 일이야. 제퍼슨 기념관은 대리석으로 만들어진 건축물이거든. 그런데 이상하게도 멋진 대리석 벽이 계속 부식된다는 문제가 있었어. 처음에 전문가들은 원인을 찾지 못해서 난감해했지만 결국에는 원인을 찾았는데 그 해결 과정이 재밌어."

```
* [Issue] 제퍼슨 기념관의 대리석 벽이 심하게 부식되고 있다.

  (1) Why : 왜 기념관의 대리석이 부식되는가?
      A : 대리석을 세제로 자주 닦기 때문이다.

  (2) Why : 왜 세제로 바닥을 자주 닦는가?
      A : 기념관에 비둘기가 많아 배설물이 바닥에
          많이 떨어지기 때문이다.

  (3) Why : 왜 기념관에 비둘기가 많은가?
      A : 기념관에 비둘기의 주 먹잇감인 거미가
          많기 때문이다.
  (4) Why : 왜 기념관에 거미가 많은가?
      A : 해가 지기 전에 전등을 켜서 먹이인 나방이
          많이 몰려들기 때문이다.

  (5) Why : 왜 해가 지기 전에 전등을 켜는가?
      A : 기념관 직원들이 일찍 퇴근하기 때문이다.

* [Solution] 제퍼슨 기념관 직원들의 퇴근 시간을 늦춘다.
```

"하하, 직원들만 불쌍하게 됐네요."

"헌재도 한 번 생각해 봐. 왜 과학 점수가 낮은지."

"음… 맞은 줄 알았는데 틀린 문제가 많았어요."

"왜 틀린 문제를 맞았다고 생각했는데?"

"헷갈리는 문제들이 많았는데 내 생각대로 풀어놓고는 맞았 다고 착각했던 것 같아요."

"왜 헷갈리는 문제를 내 생각대로 풀었을까?"

"공부가 완벽하게 안됐으니 추측을 한 거죠."

"공부가 왜 완벽하게 안됐을까?"

"문제만 풀었지 내용을 정확하게 알지는 못했어요."

"왜 정확한 내용 숙지는 못하고 문제만 많이 풀었을까?"

"학원 숙제니까요. 무조건 문제 많이 푸는 게 시험공부라고 여겼던 것 같아요."

"이제 감이 잡히니? 뭐가 문제였는지?"

---

* [Issue] 열심히 공부했는데 기대보다 성적이 낮다.

  (1) Why : 왜 기대보다 성적이 낮은가?
       A : 맞은 줄 알았는데 틀린 문제들이 많았기 때문이다.

  (2) Why : 왜 틀린 문제를 맞았다고 생각했는가?
       A : 헷갈리는 문제를 내 마음대로 풀어놓고
           맞았다고 착각했다.

  (3) Why : 왜 헷갈리는 문제를 내 생각대로 풀었을까?
       A : 공부가 완벽하게 안됐으니 추측을 했다.

  (4) Why : 왜 공부가 완벽하게 안됐을까?
       A : 문제만 풀었지 내용을 정확하게 알지 못했다.

  (5) Why : 왜 정확한 내용 숙지는 못하고 문제만 많이 풀었을까?
       A : 학원 숙제니까, 문제 푸는 게 시험공부라고 여겼다.

* [Solution] 문제만 많이 풀지 말고 확실히 이해했는지 확인한다.

"완벽하지 않은 공부가 헷갈리는 보기 앞에서 무너졌던 거예요."

"그래, 맞아. 불완전한 공부가 과학 성적을 잡고 있었던 두목이었던 거야. 다음부터 과학 공부를 할 때에는 함정이 될 만한 내용을 확실히 암기하도록 해. 학원 공부는 문제 풀이 위주여서 효과를 보지 못했던 거야."

"학원은 괜히 갔네요. 이걸 조금 더 일찍 했어야 했는데."

"이제라도 알았으니 다행이지. 방법을 알았으니까 다음에는 문제가 더 커지기 전에 스스로 해봐."

성적이 오르지 않는다고 그냥 포기하거나 덜컥 학원부터 등록하는 건 문제 해결에 전혀 도움이 되지 않는다. 무엇이 내 공부의 발목을 잡고 있는지 원인을 탐색해보자.

❗ 5WHY 실습

• 각자의 문제를 가지고 5WHY를 생각해보자.

– '왜'를 적어도 4회 이상 반복하고 더는 질문이 없을 때까지 반복한다.
– 답을 할 때에는 통제 가능한 것으로 해야 한다. 시험 성적이 오르지 않는 이유에 대해 '문제가 어려워서'는 답이 될 수 없다. 내가 해결할 수 있는 범위 안에서 답을 찾는다.
– 사실적이고 구체적인 수치로 답한다. 성적이 왜 떨어졌는가에 대한 답으로 '헷갈리는 문제가 많았다' 대신 '틀린 문제 8개 중 헷갈려서 틀린 게 6문제'라고 하면 더 좋다.

03. 공부는 잠 줄여 하는 게 아니다

"하루에 잠은 몇 시간 자야 해요?"

"잠이 너무 많아서 걱정이에요. 수업 시간에도 계속 졸고요. 밤에 많이 자는데도 아침에 못 일어나겠어요."

"시험 기간에는 애들 다 두세 시가 기본이에요. 저만 일찍 자는 것 같아요."

학생들에게 자주 듣는 질문이다. 공부에 대한 부담과 욕심 때문에 잠자는 시간마저 편하지 않은 것이다. 잠에 대한 질문을 받을 때마다 "공부한답시고 밤늦게까지 어설프게 폼 잡지 말고 충분히 자라"라고 답한다. 공부는 잠 줄여 하는 게 아니기 때문이다. 잠을 줄인다 해도 집중적인 공부가 필요한 고등학교 2~3학년 때에나 걱정할 일이다. 지금은 잠을 줄여서 얻는 것보다 잃는 것이 더 많다.

📚 성장은 잠을 동반한다

전 세계 모든 인종, 국가를 막론하고 사춘기 아이들의 공통된 특징은 잠이 많아진다는 것이다. 이유는 간단하다. 급격한 성장이 이루어지기 때문이다. 성장은 반드시 잠을 동반한다. 뼈와 근육뿐 아니라 두뇌도 커져야 한다. 몸과 마음을 업그레이드시키는 급격한 성장은 유아기와 사춘기에 이루어지는데 이 시기에 영양이 부족하거나 수면이 부족하면 문제가 생길 수밖에 없다.

유아기 때야 잘 먹고 잘 자는 게 칭찬받을 일이었지만 사춘기는 다르다. 먹는 건 누가 시키지 않아도 잘하는데 자는 건 영 신통치가 않다. 잠은 수시로 쏟아지는데 아기처럼 아무데서나 잘 수도 없고, 잠을 자야 하는 밤에는 늦게까지 꼼지락거리는가 하면 비교적 충분한 잠을 자는 아이들도 '이렇게 많이 자도 되나?' 하며 마음이 편치 않은 것이다. 하지만 걱정 말자. 평소보다 잠이 많아진다면 내 몸의 성장이 진행 중이라는 신호로 여겨야 한다. '이렇게 많이 자서 언제 공부하지?' 하는 걱정으로 성장을 방해할 필요는 없다.

📚 자는 동안 통찰력이 생긴다

잠의 효과는 학습의 통찰력을 준다는 점에서도 탁월하다. 이에 관해 재밌는 연구가 있다. 학생들에게 수학 문제들을 주고 문제를 푸는 방법을 알려주었다. 하지만 그 문제를 더 쉽게 푸는 방법이 있다는 것은 알려주지 않았다. 그러나 학생들이 문제를 풀면서 더 쉬운 방법을 알아낼 수는 있다. 12시간이 지난 뒤 학생들에게 문제를 더 풀게 하면 20퍼센트의 학생들이 더 쉬운 방법을 발견했다. 놀랍게도 12시간 중 8시간을 자게 하면 60퍼센트의 학생들이 더 쉬운 방법을 발견했다.

이 실험을 아무리 여러 번 해봐도 늘 잠을 잔 집단이 잠을 자지 않은 집단에 비해 세 배 정도 더 성적이 좋았다고 한다. 잠을 줄여 내가 억지로 하는 공부보다 뇌가 자동으로 해주는 공부에 맡기는 것이 훨씬 효과적이었던 것이다.

이 연구 결과를 내 공부에 적용해보자. 책상 앞에서 질질 끄는 공부는 졸음만 더할 뿐이다. 30분이라도 집중적인 공부를 하자. 능동적으로 생각하고 인식하는 공부여야 한다. 그래야 뇌가 받아들이고 자는 동안 공부한 내용을 재구성할 것이기 때문이다. 특히 잠들기 전에는 헷갈렸던 문제를 한 번 더 풀거나 외운 내용을 되새겨보는 것이 좋다.

📚 감정 관리를 위해 잠이 필요하다

수면 부족은 두뇌뿐 아니라 몸과 마음을 예민하게 만든다. 수면이 부족하지 않더라도 사춘기는 감정의 기복이 심하다. 분노와 짜증, 우울감으로 기분이 엉망일 때 가장 빨리 감정을 회복할 수 있는 방법은 잠이다. 충분한 수면으로 긴장과 피로를 풀고 나면 두뇌의 생각 회로도 정돈되고 들떴던 감정도 가라앉는다. 잡념으로 마음이 복잡하거나 괜히 공부가 되지 않을 때는 무리하지 말고 잠자리에 들자. 잠은 몸과 마음의 성장과 회복을 돕는 보약과 같다.

📚 청소년에게 필요한 수면 시간

청소년들을 대상으로 한 수면 생체 리듬 연구가 있다. 외부의 햇빛을 완전히 차단하여 시간의 변화를 전혀 느끼지 못하도록 한 뒤 자고 싶을 때 자고 일어나고 싶을 때 일어나도록 했다. 결과는 어땠을까? 대부분의 청소년들이 새벽 3시에 잠자리에 들었고 낮 12시에 일어났다. 이는 전 세계 모든 청소년들에게서 나타나는 공통된 현상이다. 즉 청소년들이 가장 쾌적하게 느끼는 수면 주기는 새벽 3시부터 낮 12시라는 것이다. 이 수면 주기는 성인이 되면서 차차 정상으로 돌아온다.

이 연구 결과가 보여주는 것은 두 가지다. 하나는 청소년들이 밤늦게 자는 것은 놀기 위해서가 아니라 자연스러운 생체리듬이라는 것이다. 또 하나는 청소년들에게 필요한 수면 시간이다. 연구 결과에 따르면 사춘기 청소년들은 하루 평균 9시간 15분은 자야 정상적인 뇌 활동이 가능하다고 한다. 영유아기 때 잠이 많이 필요했던 것처럼 사춘기에도 아동이나 성인에 비해 수면이 더 필요한 것이다.

　하루에 몇 시간을 자야 하냐고 묻는 아이들에게 적어도 8시간은 자야 하고 아홉 시간 이상은 자야 충분하다고 답하면 아이들은 눈을 동그랗게 뜨며 "그렇게 많이요? 학원 갔다 오면 열두 신데요?"라고 한다. 대한민국에 아홉 시간 이상 잘 수 있는 중학생이 몇 명이나 있을까? 하지만 수업 시간에 졸고 깨어 있어도 멍한 시간을 고려한다면 결국은 뇌가 필요한 만큼 자고 있는 것이다. 밤에 자는 시간이 부족하다면 하교 후 낮잠 시간을 정하자. 나도 모르게 졸며 공부 효율을 떨어뜨리는 것보다 잠깐 낮잠을 자는 게 훨씬 낫다.

04. 이놈의 스마트폰

"너 그놈의 전화기 좀 안 치우니?"

형식이가 밥을 먹으며 스마트폰을 만지작거리자 아빠가 화나서 한마디 하셨다.

"이 판만 끝내고요. 거의 다 깼어요."

밥을 다 먹고 텔레비전을 보면서도 형식이는 스마트폰을 놓지 않았다. 광고를 하는 동안은 친구가 올린 사진을 보고 프로그램이 시작되어도 순간순간 검색을 한다. 평소 스마트폰을 달고 사는 형식이를 못마땅하게 여기던 아빠는 그날 잔소리를 몇마디 하셨다. 스마트폰에 정신이 팔린 형식이가 반성의 기미도없이 말대꾸를 계속하자 아빠는 뚜껑이 열려버렸고 형식이의폰은 박살이 났다.

"백만 원도 넘는 최신 모델이었단 말예요. 약정도 한참 남았는데 아까워라."

"그럼 전화 없이 사는 거야?"

"며칠은 그랬는데요. 제가 전화 없으면 엄마 아빠도 불편하니까 약정 끝날 때까지 알뜰폰 쓰래요."

형식이는 어디 가서 꺼내지도 못하는 전화기라며 한숨을 쉬었다. 인터넷이 되기는 하지만 너무 느려서 뭘 할 수도 없고 카메라는 얼굴이 너무 솔직하게 찍히는데다 편집 기능도 없다.

"이걸 2년 동안 써야 하다니, 우리 교감 선생님 폰이랑 똑같은 거예요. 애들이 교감 선생님이라고 놀려요."

📚 공부에만 방해가 되는가, 생활에도 방해가 되는가

어디 형식이만의 이야기일까? 스마트폰은 공부 방해는 물론 청소년들의 생활과 사고에까지 영향을 미치는 괴물이다. 스마트폰은 단순한 전화기가 아니다. 그 안에 세상이 있고 친구가 있고 음악이 있으며 나의 욕구와 휴식이 다 들어있다. 그래서 거실에 커다란 TV를 두고도 스마트폰을 붙들고 앉아 드라마를 보는 것이며, 배터리가 없으면 마치 내 숨이 끊어질 듯 다급해하는 것이다.

스마트폰이 공부에 방해가 되는 것은 특별한 문제가 아니다. 꼭 스마트폰이 아니라도 잡생각이나 컴퓨터 등 공부에 방해가 되는 것은 수도 없이 많다. 공부가 하기 싫고 안되는 것이 문제이지 스마트폰이 근본적인 문제는 아니라는 것이다.

하지만 스마트폰이 생활에 방해가 될 정도에 이르렀다면 심각하다. 이것은 특별히 청소년에게 한정되는 문제도 아니다. 문자메시지를 보내다가 계단에서 굴러떨어지거나, 다가오는 차를 보지 못한다거나, 게임을 하느라 밥을 먹는 데 한 시간이 넘게 걸린다거나, 다른 취미, 친구, 오락거리도 없이 스마트폰에만 온통 빠져 있는 생활이 수 개월간 지속되고 있다면 내면에 뭔가 근본적인 문젯거리가 있는 것이다.

> ## ❗ 안 쓰는 스마트폰을 학습용으로 사용하자
>
> 공부 중 스마트폰을 사용하지 않는 것이 바람직하기는 하지만 전자사전이나 알람 등 공부에 필요한 기능 때문에 전원을 끌 수 없는 경우가 많다. 이때 유용한 것이 안 쓰는 스마트폰이다.
> 약정 기간이 지나면 큰돈을 들이지 않고도 새 것으로 바꿀 수 있으니 집에는 고장나지 않은 안 쓰는 스마트폰이 한두 개씩 돌아다니기 마련이다. 그것들을 공부할 때 사용하면 좋다. 전자사전, 알람, 계산기 등은 개통되지 않은 스마트폰으로도 얼마든지 사용할 수 있으니 아예 책상에 올려놓고 '학습용'으로 쓰자.

📚 스마트폰을 탓하지 말고 효과적인 공부법을 찾자

스마트폰이 공부에 방해가 되는 것은 크게 두 가지다. 공부 중에 스마트폰이 울려서 공부의 흐름이 깨지는 경우와 공부 중 심심해서 그냥 스마트폰을 들여다보는 경우다. 공부가 잘되던 중이라면 바로 끄거나 무음 설정을 하면 된다. 공부가 잘되고 있으니 괜히 스마트폰을 들여다보지도 않는다. 문제는 공부가 안되는 경우다. 겨우 책을 들여다보고 있던 중 스마트폰이 울리면 고마울 지경이다. 스팸 문자라도 반갑다. 혹시 내가 모르는 메시지가 와있지 않을까 싶어 괜히 들여다보기도 한다.

스마트폰을 공부에서 몰아내려면 공부가 안되는 경우, 그래서 스마트폰을 내 손으로 끌어들이는 경우를 줄여야 한다. 공부 시간이 길고 언제 끝날지 모르며 딱히 할 공부도 마땅치 않을 때 아이들은 스마트폰을 찾을 수밖에 없다(스마트폰을 압수당했다면 연습장에 낙서라도 하면서 논다). 따라서 스마트폰을 포함한 모든 방해 요소의 접근을 차단하려면 무엇을 얼마나 공부해야 할지 공부 분량이 명확해야 하며 공부 시간 또한 그 공부에 필요한 만큼 간결해야 한다.

학생들에게 "지금부터 10분 동안 수학 문제 다섯 개를 풉니다. 10분만큼은 완전히 집중하세요. 그 동안 스마트폰을 안 볼 수 있죠?"라고 물으면 누구나 할 수 있다고 답한다. 그리고 실제로 공부를 시켜보면 집중해서 공부를 잘한다. 하지만 "수학 문제 다섯 개를 푸세요. 다 풀면 자유롭게 집에 가도 좋습니다"라고 공부 시간을 열어둔다면 어떨까? 빨리 끝내면 빨리 간다는 것을 알면서도 두어 문제 풀고는 스마트폰을 만지작거리거나 친구들과 노닥거린다.

따라서 한 시간 동안 공부를 한다면 10~20분 단위로 공부 분량을 나누고 자주 쉬며 의식적으로 스마트폰을 사용하는 것이 좋다. 한 시간 동안 15분짜리 공부를 네 번 한다면 스마트폰을 네 번 보게 되는 것이다. 고작 한 시간 공부하면서 스마트폰을 네 번 보는 것은 상당히 많은 횟수다. 하지만 의식적으로 시간을 구분하여 스마트폰을 사용했기 때문에 전혀 공부에 방해가 되지 않는다. 이렇게 하지 않고 그냥 공부하다 심심할 때마다 스마트폰을 봤다면 네 번이 아니라 단 한 번이라 해도 공부에 방해가 된다.

05. 포기,
그 편리한 유혹

　'포기'라 하면 인생을 때려치우고 꿈을 버리는 것처럼 거창한 것만을 떠올리는데, 사실 포기란 생각보다 참 간단하고 사소한 것이다. 포기는 우리 일상 중 아주 평범하게 녹아 있고 그 결과 대부분의 포기는 습관적으로 일어난다. 토 나올 것 같은 시험 범위를 보면서 또 바들바들 떨며 턱걸이를 하다가 우리는 쉽게 '포기'를 떠올린다.

　기말고사를 열흘 앞둔 날 규원이도 그랬다. 원래 조용하고 내향적인 규원이지만 그날은 유독 가라앉아 있었다. 행동이 느렸고, 잘 지냈느냐는 물음에 '아니오'라는 답을 아무렇지도 않게 했으며, 눈빛도 멍했다. 이런 모습은 무언가 포기했음을 암시한다. 더구나 시험 기간이라면 더욱 그렇다.

　시험이고 뭐고 계속 잠만 자며 지낸 모양인지 과학 공부를 할 거라며 문제집을 꺼내놓는데 딱 봐도 중간고사 이후 한 번도 안 펼쳐본 문제집이다. 문제집 푸는 모습을 가만히 지켜보는데 5분도 안 되어 졸기 시작한다. 시험이 얼마 남지 않았는데 주요 과목 공부가 하나도 안 되어 있다는 것도 규원이답지 않았지만 더 기막힌 것은 초조하거나 불안해하는 기색도 전혀 없다는 것이다. 다 그만두고 나니 겁날 것도 없는 것이다. 선생님 앞이라 그래도 한다는 모습이 저 정도니 집에 있을 때에는 어땠을까? 규원이 어머니의 잔소리와 한숨 소리가 바로 옆에서 들리는 것 같았다.

"너 시험 포기했니?"

"네, 포기했어요."

포기란 얼마나 간단한 것인지, 그 얌전한 입에서 아무렇지도 않게 대답이 흘러나온다.

"이번 시험을 다 포기한 거니? 아님 과학만 포기한 거니?"

"국·영·수만 할 거예요."

"국·영·수는 왜 하는데?"

"그냥 해야 할 것 같아서요."

"나머지는 안 할 거야?"

"네, 안 할 거예요."

"왜?"

"하기 싫어요."

"왜 하기 싫어졌어?"

"재미없어요."

"국·영·수는 재밌고?"

"……."

📚 포기는 사소한 이유로 시작된다

'포기'는 참으로 편리하다. 시험 며칠 남았나 마음 졸이며 '과학은 언제 하지? 도덕은 언제 하지?'라고 걱정할 필요도 없다. 잠도 제대로 못 자고 이게 뭐하는 짓이냐는 짜증을 견딜 필요도 없다. 이 시원한 유혹은 시험 때마다 학생들을 들쑤신다 (시험 과목이 많아지는 기말고사 때 더욱 심하다). 사춘기의 고비를 넘기며 가뜩이나 공부하기 싫은 중2들에게는 포기가 멋있어 보이기까지 한다. 하지만 시험(test)은 진짜로 학생들을 시험 (temptation)한다. 누군가는 성공을 연습하고 누군가는 포기를 연습하는 것이다.

대부분의 포기는 별 대단치도 않은 이유로 시작된다. 지난번보다 성적이 떨어질 것 '같아서' 포기하고, 부모님의 기대치를 낮추기 위해 이번 시험은 포기했다고 큰소리를 쳐놓는 것이다. 스스로 자존심 상하는 게 싫어 포기라는 보호막을 치기도 한다. 그렇게 이것저것 다 포기해버리면 마음이 편할까? 절대 그렇지 않다. 당장은 짐을 던 것같아 보여도 스스로 포기했다는 허망함은 사람을 우울하게 만든다. 규원이처럼 만사가 귀찮아 잠만 자고 싶은 것이다.

📚 내 양심은 뭐라고 말하나

포기하고 싶은 마음은 결과를 두려워하기 때문에 생겨난다. 하지만 공부든 무엇이든 노력하는 사람은 정직해야 한다. 결과가 어떻든 끝까지 노력해보고자 하는 양심의 울림, 마음속에 최선을 다하지 않았다는 찝찝함이 있다면 그 마음을 따라야 한다. 결과는 생각할 필요 없다. 내가 무언가 하고 있다는 뿌듯함과 있는 힘을 다했다는 당당함이면 충분하다.

쓰러져 있는 규원이를 어떻게든 일으켜야 한다. 규원이에게 어떤 말을 해 주면 좋을까? 자꾸만 도망치려 하는 규원이의 정신은 웬만한 격려로 돌아올 것 같지 않았다.

"넌 엄마한테 성적표 보여주려고 시험 보니? '그래도 국·영·수는 좀 했다' 그 정도만 하고 넘어가려고?"

"……."

"너 스스로 알고 있잖아. 다른 과목도 공부할 수 있는데 안 하고 있는 거. 정신 똑바로 차려. 모든 노력은 자신이 결정한 만큼 하는 거야. 공부를 하다가 시간이 부족하면 다 못 보고 시험 볼 수도 있겠지. 그런데 처음부터 몇 과목 제쳐놓고 시작하는 건 비겁한 거야."

쓴소리에 마음을 다잡았는지(아니면 그 사이에 잠이 좀 깼는지) 규원이는 집중해서 과학 문제집을 풀기 시작했다. 한 시간 반 정도 지났을까? 규원이는 마지막 한두 장을 남기고 과학 공부를 거의 마칠 수 있었다.

"수고했다. 시험 끝나고 오너라."

규원이를 만나는 것은 2주에 한 번씩이었고, 시험은 열흘이 남았으니 다음에 규원이를 만나는 날은 시험이 끝난 후가 된다. 하지만 규원이는 그 전에 공부를 하러 한 번 더 오겠다고 했다.

"다음 주에도 올게요."

"마음대로 해."

일주일 후 규원이는 생기가 회복되어 있었다. 눈빛도 표정도 살아났다. 그간 규원이가 해 놓은 공부는 상당했다.

국어 : 문제집 풀이
영어 : 본문 외우고 문제집 두 권 풀이
수학 : 익힘책 풀이
도덕 : 교과서 읽고 예상 문제 풀이
과학 : 문제집 풀이

남은 3일 동안 하루는 기술 · 가정과 음악을 공부하고, 이튿은 수학 총정리 유인물을 보고 국어 문제집을 한 권 더 풀 것이라고 했다. 뭘 얼마나 했는지는 중요하지 않다. 뭘 얼마나 하고 있는지 인식하고 있다는 것은 구체적인 노력을 했다는 증거니까. 느릿느릿 멍한 눈으로 아무것도 하지 않던 태도를 멈췄다는 것만으로도 충분히 훌륭하니까.

이렇게 위기를 넘어가면 된다. 규원이는 구렁텅이로 굴러가던 바퀴를 세워 바른 방향으로 다시 굴리고 있는 중이다.

📚 포기를 연습할 것인가, 성공을 연습할 것인가

누구나 규원이와 비슷한 경험을 한다. 아주 사소한 덫에 걸려 포기를 뇌까리고 그 편안함을 즐긴다. 지금부터 포기를 연습해서야 되겠는가? 포기에 길들여진 인생에는 실패가 줄기차게 따라붙게 마련이다.

지금 여러분에게도 포기의 유혹이 있을지 모른다. 내 성적으로는 불가능할 것 같은 대학, 너무 많아서 엄두가 안 나는 시험 범위, 계속 틀리기만 하는 서술형 문제 등등, 문제가 무엇이든 마음을 크게 갖자. 지금의 나와 고3 때의 나는 분명 다를 것이니 불가능할 것도 없다. 덮어놓고 그 과목을 포기하는 것보다 '반이라도 공부해야지'라고 생각하면 포기하는 것보다 나은 점수를 받을 수 있다. 오늘 안 풀린 문제는 내일 또 풀어보자. 지금 서술형 문제를 풀 실력이 안 된다면 내년에는 풀 수 있을 것이다. 명심하자. 우리가 포기해야 할 것은 '포기하려는 마음' 뿐이다.

나에게 어떤 공부가 필요한지, 어떻게 공부할지, 어떻게 하면 집중을 잘할 수 있는지 등 나에게 맞는 공부를 늘 해온 학생이어야 같은 시간을 공부해도 질 높은 공부를 할 수 있다. 무엇이든 하루라도 연습을 더 한 학생이 더 능숙한 법, 당장 오늘부터 스스로 정한 공부를 시작하자.

3장

나만의 공부법을
찾아라

01. 스스로 정한 공부

　누가 시키는 것만큼 짜증나는 게 또 있을까? 그 재밌는 게임도 엄마가 수시로 "너 게임 안 하니?", "아직도 그 판을 못 깼어?"라고 잔소리를 한다면 게임할 맛이 뚝 떨어질 것이다. 청소년들이 공부하기를 싫어하는 이유는 공부와 관련된 억압 때문일 터이다. 숙제나 시험이나 타율적인 규제가 있으니 '이런 걸 왜 해야 하는 건데?' 하며 반감이 생긴다.

　아무런 간섭도 없는 자유로운 상태에서는 공부도 편안하고 즐겁다. 선생님이 내준 숙제, 엄마가 검사하는 공부에서 벗어나자. 내가 정한 공부로 스스로를 발전시켜야 한다. 내 공부에 익숙해지고 재미를 붙이면 정말 행복한 학창 시절을 보낼 수 있다. 공부에 자신감이 넘치는 내 모습을 상상해보자. 내가 정한 공부를 내가 지키는 순간 자기주도학습은 실현된다.

📚 스스로 정한 공부의 의미

지금 내가 하고 있는 공부들을 적어보자. 대부분 학원 숙제, 학교 숙제, 엄마가 검사하는 문제집 등이 나열될 것이다.

'스스로 정한 공부'는 말 그대로 내가 정한 공부다. 따라서 학교 숙제, 학원 숙제는 물론 엄마가 내준 숙제도 제외된다. 학습지나 인터넷 강의 등은 스스로 정한 공부에 해당하겠지만 그렇지 않다면 그것도 제외된다. 이렇게 다 빼고 나서 생각해보면 스스로 정해서 하고 있는 공부는 거의 없다는 걸 알게 될 것이다.

지금까지야 부모의 영향이 컸으니 그럴 수 있겠지만 앞으로는 어림없다. 스스로 정한 공부를 시작해야 한다는 의미는 지금까지 타율적으로 해왔던 공부의 범위를 인식하고 서서히 내 공부의 터를 다져야 한다는 걸 말한다. 즉 시키는 대로만 하던 공부를 줄여야 한다는 것이다.

📚 사교육이 따라올 수 없는 힘

연구 결과에 따르면 초등학교 때까지는 사교육에 따라 성적 차이가 나지만 중학교 이후에는 하위권 학생들만 주 2회 2시간의 사교육을 했을 때 성적에 유의미한 연관성이 있었고, 고등학교 학생들은 성적과 사교육 사이에 전혀 상관관계가 없었다. 초등학교 시절 사교육에 따라 성적 차이가 났다는 것은 부모가 얼마나 자녀 교육에 관심을 가졌느냐에 따라 성적 차이가 난다고 봐야 하는 것이니 꼭 사교육의 효용성을 의미하는 것만은 아니다. 그나마 중학교에 올라간 후에는 대부분의 학생이 해당되는 중위권, 상위권에서 사교육과 성적에 연관성이 없었다. 하위권 학생들도 주 2회 2시간 정도만 의미가 있었고 그 이상의 사교육은 성적에 영향을 주지 못했다. 고등학생들의 성적과 연관되는 요소는 사교육도 아니고 중학교 때 성적도 아니다. 오직 '스스로 공부하는 시간'만이 고등학생들의 성적과 비례했다.

대부분의 중학생들은 학원 가는 것 말고는 별다른 공부법을 알지 못한다. 하지만 방과 후 모든 시간을 학원에서 보내고 있다면 곤란하다. 종합반을 단과로 바꿔 월·수·금, 화·목·토라도 내 공부 시간을 내야 한다. 꼭 필요한 사교육 한 개 정도만 그것도 주말로 시간을 조정하고 주중에는 학교 수업과 내 공부에 전념하는 것이 가장 좋다.

1학년 때야 중학교 공부가 뭔지 모르니 학원의 도움을 받았다 해도 2학년이라면 거품을 빼야 한다. 나만을 위한 사교육은 없다. 내 공부를 솔직하게 들여다보고 나에게 필요한 공부를 스스로 진단해야 한다.

📚 스스로 정한 공부는 점점 향상된다

고3 수능 모의고사에서 전국 석차 상위 0.1퍼센트 성적을 내는 학생들이 스스로 공부에 투자하는 시간은 하루에 3시간 정도다. 예상보다 적은 시간이라 생각할 수 있지만 아침 일찍부터 오후 늦게까지 학교 수업이 이어지는 고3에게 온전히 내 공부에 쓰는 3시간이란 저녁식사 이후 잠들기 전까지의 거의 모든 시간을 의미한다(고등학교 석식 시간이 보통 오후 6시 30분에 끝나므로 그 이후 쉬는 시간 없이 3시간을 공부한다 해도 밤 9시 30분이 된다).

물론 이렇게 우수한 학생들이 쓰는 3시간과 보통의 학생들이 쓰는 3시간의 효율에는 차이가 날 것이다. 그 차이는 어려서부터 스스로 공부하는 연습이 되어있느냐에 따라 다르다.

나에게 어떤 공부가 필요한지, 어떻게 공부할지, 어떻게 하면 집중을 잘할 수 있는지 등 나에게 맞는 공부를 늘 해온 학생이어야 같은 시간을 공부해도 질 높은 공부를 할 수 있다. 무엇이든 하루라도 연습을 더 한 학생이 더 능숙한 법, 당장 오늘부터 스스로 정한 공부를 시작하자.

📚 무엇을 공부할까

학생들에게 스스로 공부를 정해보라고 하면 쉽게 결정을 하지 못한다. 지금까지 그렇게 공부를 해본 적이 없기 때문이다. 그러니 무엇을 공부할지 생각하는 것부터가 훈련의 시작이다. 공부의 달인이라고 할 수 있는 상위 0.1퍼센트의 고등학생들은 뭘 공부할까? 그들의 공부는 정직하고 소박하며 성실하다. 한 학생은 EBS와의 인터뷰에서 이렇게 답했다.

"매일 배운 거 복습하고 모르는 문제 다시 풀어보는 것만 해도 바빠요. 그러니까 학원 가서 뭘 더 할 생각은 아예 안 해봤어요. 이걸 안 하고 어떻게 다른 공부를 해요."

스스로 정한 공부의 1순위는 그날 배운 것을 완벽하게 내 것으로 만드는 것이다. 영문법이나 최상위 수학 같은 추가 공부는 그 다음에 덧붙여야 한다.

📚 얼마나 해야 할까

공부 잘하는 고3이 세 시간을 하고 있으니 나도 세 시간을 해야 할까? 아니면 충분한 훈련을 위해 그보다 더 해야 할까? 세 시간이든 한 시간이든 내 공부가 익숙지 않은 학생들에게는 긴 시간이 필요 없다. 그만큼의 시간을 확보하기 위해 다니고 있는 학원을 당장 그만두는 것도 어려운 일이다. 지금 내가 확보할 수 있는 시간, 그중에서 내가 내 힘으로 공부에 집중할 수 있는 시간을 파악하는 것이 먼저다.

처음에는 20~30분으로 시작하자. 온전히 내가 정한 공부에 집중하고 그 보람을 느끼는 게 중요하기 때문이다. 나만의 공부가 재밌으면 매일 내 공부 시간을 지키는 게 어렵지 않을 것이다. '오늘도 했다'는 성취감이 생기면 공부 시간 늘리는 것은 욕심내지 않아도 자연스럽게 이루어진다.

02. 공부 시간을 인식하자

생활이 뒤죽박죽이면 공부도 뒤죽박죽이다. 순서 없이 충동적으로 지나가는 하루는 어떤 성과도 내지 못한다. 공부를 하고자 한다면 정신없는 시간 사용부터 바로잡아야 한다.

시간 관리를 가장 잘하는 방법은 '나에게 맞는 시간 관리를 하는 것'이다. 그것은 '내가 실천할 수 있는 시간 관리'를 의미하기도 한다. 하루 중 취침, 학교, 학원, 식사, 휴식을 뺀 나머지 시간은 얼마나 될까? 공부는 내가 쓸 수 있는 시간 안에서 이루어져야 한다. 시간을 의식하고 그 시간을 효과적으로 사용하자.

📚 내일 하루를 어떻게 지내게 될지 예상해보자

내일은 무슨 요일인가? 수업이 끝나면 집에 몇 시에 돌아오는가? 학원에서 보낼 시간은 얼마나 되는가? 잠은 언제쯤 자게 될까? 내일 하루를 예상하며 나의 의지대로 사용할 수 있는 '내 시간'을 체크해보자.

그 시간에 뭘 할지는 아직 생각하지 말자. 시간을 의식적으로 사용하는 감각을 기르는 것만으로도 충분하다. 시간 관리의 시작은 시간을 의식하며 생활하는 것이므로 내가 쓸 수 있는 시간을 찾아보는 연습이 먼저다.

내 시간 체크 예 1

날짜	3월 16일 월요일		
시간	분	내 시간 체크	내용
16	:00~:30	✔	
	:30~:00	✔	
17	:00~:30	✔	
	:30~:00	✔	
18	:00~:30		영
	:30~:00		어
19	:00~:30		과
	:30~:00		외
20	:00~:30	✔	
	:30~:00	✔	
21	:00~:30	✔	
	:30~:00	✔	

22	:00~:30	✓	
	:30~:00	✓	
23	:00~:30	✓	
	:30~:00	✓	

학원이나 과외 수업이 있는 시간은 내가 쓸 수 없는 시간에 해당되므로 표에
체크하지 않는다.

📚 꼭 써야 하는 시간들을 기록한다

숙제, 식사, 텔레비전, 인터넷 등 일상에서 늘 하던 행동들이
있을 것이다. 빠뜨리지 않고 보는 드라마나 오락 프로그램이 있
다면 그것도 고려해야 한다. 모든 생활을 억제하고 공부만 하는
것은 올바른 시간 관리가 아니기 때문이다.

계획은 미래의 내 행동을 먼저 정하는 것이다. 내일의 시간을
예상하며 늘 쓰던 시간들을 언제 얼마나 소비하면 좋을지 생각
해보자. 이 단계에서도 추가 계획은 없다. 꼭 해야 할 행동의 시
간 배치를 연습하면 된다.

시간을 정했으면 그 시간에 실천을 해보자. 습관이 되지 않아
아무 때나 텔레비전을 켜기도 하고 인터넷 시간을 넘기기도 하
겠지만 자연스러운 시행착오다. 시간을 인식하고 행동을 조절
하자. 예상치 못한 TV 시청 등 시행착오가 반복된다면 의지 부
족을 탓할 것이 아니라 시간 배치를 조정해야 한다.

내 시간 체크 예 2

날짜	3월 16일 월요일		
시간	분	내 시간 체크	내용
16	:00~:30		집에 오는 길에 책 반납
	:30~:00		휴식/인터넷
17	:00~:30	✔	
	:30~:00	✔	
18	:00~:30		영
	:30~:00		어
19	:00~:30		과
	:30~:00		외
20	:00~:30		저녁 식사
	:30~:00	✔	
21	:00~:30		영어 숙제
	:30~:00		영어 숙제
22	:00~:30		드라마
	:30~:00		드라마
23	:00~:30		인터넷
	:30~:00	✔	

숙제나 식사는 물론 인터넷, TV 시청 등 휴식 시간도 꼭 써야 하는 시간에 해당된다. 이 시간들도 학원이나 과외 수업과 같이 내 마음대로 줄이거나 없앨 수 있는 시간이 아니므로 내가 쓸 수 있는 시간에서 제외한다.

📖 실천 가능한 학습 계획을 세운다

드디어 학습 계획이다. 그렇더라도 마음이 앞서는 것은 위험하다. 우선 지금 하고 있는 학원, 과외, 인터넷 강의 등의 학습을 100퍼센트 활용할 수 있도록 한다. 학원, 과외 등의 수업이 끝나고 나면 복습하는 시간을 계획한다. 이렇게 실천하는 것이 비용과 시간, 기억, 지식의 활용 면에서 모두 효율적이다. 이 실천을 일주일 이상 반복해 몸에 익히도록 하자.

공부 계획은 하나부터 시작해 1~2주 실천 상황을 봐가며 실천이 안정된 후에 다른 공부를 더해야 한다. 그래야 장기적이며 흔들림 없는 공부가 가능하다.

학습 계획 예

날짜	3월 16일 월요일		
시간	분	내 시간 체크	내용
16	:00~:30		집에 오는 길에 책 반납
	:30~:00		음식/인터넷
17	:00~:30	✓	수학 문제집
	:30~:00	✓	
18	:00~:30		영
	:30~:00		어
19	:00~:30		과
	:30~:00		외

20	:00~:30		저녁 식사
	:30~:00	✔	과외 복습
21	:00~:30		영어 숙제
	:30~:00		영어 숙제
22	:00~:30		드라마
	:30~:00		드라마
23	:00~:30		인터넷
	:30~:00	✔	

내 시간 중 실천 가능하고 학습 효과가 높은 시간을 골라 공부 계획을 넣는다. 학원, 과외 등 수업이 있는 날은 다른 공부보다 그날 수업 내용을 복습하는 것이 효과적이다.

❗ 꼼꼼한 시간 체크는 성향에 따라 다르다

시간 체크표를 주고 시간 사용 상태를 표시해보라고 하면 어떤 아이는 물만난 고기마냥 색깔 구분까지 해가며 적지만 어떤 아이는 대충 생각나는 것만 몇 개 써놓고 만다. 구체적으로 시간을 나누고 시간을 인식하며 사용하는 것은 누구에게나 필요한 일이다. 하지만 시간 체크는 성향에 따라 조금씩 다르게 실천할 수도 있다.

여러분은 알림장이며 다이어리 정리 등을 매우 꼼꼼하게 하는 편인가(부작용으로 계획 세우는 데만 긴 시간을 소비할 수도 있다)? 그렇다면 스스로 정한 시간표에 따라 행동해보자. 생각대로 행동한다는 게 얼마나 어려운지 경험해봐야 살아있는 계획표를 만들 수 있기 때문이다.

반대로 계획은 대충 머릿속에 넣어놓고 행동을 먼저 하는 편인가? 그렇다면 하루 일과를 모두 마친 후 빈 시간표에 그날의 일을 기록해보자(계획표를 먼저 쓰려고 하면 미확정된 내용을 써야 한다는 것에 스트레스를 받는다). 공부가 머릿속의 계획대로 이루어졌는지, 생각보다 시간이 더 걸리거나 덜 걸린 것은 없었는지 점검해보는 것이다. 그렇게 해야 머릿속의 계획이 조금 더 똘똘해진다.

03. 마인드맵 계획표

"선생님, 저 주말 내내 문제집 두 장 풀었어요."

독서실 공부에 재미를 붙여 한참 열심을 내던 정현이었다.

"왜 이렇게 공부가 안될까요?"

"그런 날도 있는 거지 뭐."

"그런 날이 아니에요. 요즘 계속 그랬다니까요. 하루는 배 아파서 그냥 지나가고, 또 하루는 집에 가서 해야지 하고 일찍 가서는 계속 텔레비전만 보고, 금요일에는 개봉하는 영화에 배우들이 무대 인사 온다고 해서 친구랑 거기 갔다왔어요. 그러다 겨우 주말에 공부하려고 했는데 문제집 두 장 풀었다니까요. 저 미쳤나봐요."

하루 종일 책상 앞에 앉아 있어도 '오늘 뭐 했나?'하고 한숨이 나올 때가 많다. 집중력이 부족한 탓일까? 공부가 어려워서일까? 노력한 만큼 보람이 느껴지지 않으니 공부할 힘이 나지 않는다. 왜 이렇게 공부가 안되는 걸까? 대한민국의 중고등학생들은 세계 최고의 공부 시간을 자랑하며 하루 종일 공부하는 것처럼 보이지만 사실 그 속을 들여다보면 알맹이는 하나도 없다. 공부 시간만 세계 최고일 뿐 실제로 공부가 이루어지는 시간은 본인도 잘 모른다.

"그럼 주말 동안 어느 정도 공부를 했으면 스스로 공부가 잘 됐다고 느끼겠어?"

"음…… 수학 문제집 진도 밀린 거 다 풀고…… 뭐 그것만 다 해도 대박이죠."

"수학만 하면 돼? 다른 과목은?"

"다른 과목은…… 영어 프린트 안 푼 것도 좀 있는데요, 그건 많지 않으니까 괜찮고…… 사회 문제집도 풀다 만 거 있는데 안 한 지 오래돼서 잘 모르겠어요."

"그럼 주말 동안 수학 문제집 두 장 푼 거야?"

"네"

"밀린 진도를 다 풀려면 몇 장 풀어야 하는데?"

"몰라요. 안 세봤어요."

"공부가 안될 수밖에 없네."

"네? 왜?"

"너 스스로도 뭘 공부해야 할지 확실히 모르고 있잖아. 주말 동안 뭘 공부하겠다고 정해놓지도 않았고. 그냥 책만 바리바리

싸들고 나왔지?"

"네."

청소년들이 어른들에 비해 가장 취약한 부분은 실패에 익숙하지 않다는 점이다. 공부 진도가 며칠만 밀려도 '또 못했네', '언제 다 하지?' 같은 부담감 때문에 대책 마련을 하지 못한다. 배가 아프거나 영화를 보느라고 하루 이틀 공부를 하지 못하는 건 누구에게나 있을 수 있는 일이다. 그런 일이 있었다면 '문제집 몇 장을 못 풀었구나. 이 정도는 주말에 할 수 있으니까 주말까지 남은 기간에 더는 밀리지 않도록 해야지'라는 생각을 미리 해두었어야 한다. 그런 생각만 있어도 마음이 한결 가벼우며 주말에는 미리 생각해둔 그 공부를 하면 되므로 괜한 스트레스에 시달릴 필요가 없다.

"똑같이 두 장을 풀었더라도 그 분량이 밀린 진도 전체에 해당한다면 어땠을까? 같은 공부를 하고도 주말 동안 공부가 안 됐다고 힘들어하지는 않았을 거야."

"그랬겠죠."

"밀린 진도가 몇 장이고 그중에 두 장을 풀었다는 것을 인식하고 있어야지. 구체적인 내용이 없는 다짐은 부담만 키울 뿐이야. 주말 동안 무조건 많이 해야 한다, 열심히 해야 한다는 생각은 아무 의미가 없어. 행동으로 연결되기도 어렵고."

"그런데요, 진도가 몇 번 밀리면 몇 장 남았는지 넘겨보기가 싫어요. 좀 많이 밀리면 포기하고 싶은 마음이 들기도 하고요."

"사회도 그래서 풀다 말고 있는 거잖아."

"네."

"그건 누구나 다 마찬가지야. 그러니까 실패가 작을 때 빨리 손을 써야지. 몇 번 밀릴 때까지 기다리면 안 되는 거야. 공부할 게 많아져서 힘든 것도 있지만 몇 번 좌절한 마음을 일으키는 게 더 어렵거든."

공부는 마음으로 한다. 마음이 '왜 이렇게 공부가 안되지?' 라고 처져버리면 무슨 힘으로 공부를 하겠는가? 마음을 관리하는 것 또한 공부하는 사람의 책임이며 그것을 위해 구체적인 공부 계획이 필요한 것이다.

"그럼 이제 어떻게 해요?"

"마음에 한가득한 걱정을 공부 계획으로 바꿔야지. 제일 먼저 수학 밀린 진도가 얼마나 되나 파악해야겠지? 문제집을 펼쳐 봐. 몇 장이나 더 풀어야 해?"

"음…… 하나, 둘, 셋…… 여섯 장이요."

"거봐. 생각보다 많지 않잖아. 주말 공부를 시작하기 전에 총 밀린 분량이 여덟 장이라는 것을 알았다면 전부 다는 못했더라도 두 장보다는 더 풀었을 거야. 그냥 덮어놓고 언제 하지 한숨만 쉬고 있으니까 공부할 맛이 안 나지. 조금 풀다 어려운 문제가 걸리면 그냥 엎드려 자버리고 말이야."

"그러게요."

"어차피 지나간 일이니 잊어버려. 남은 여섯 장은 어떻게 할까?"

"오늘부터 한 장씩 풀까요?"

"그래, 좋은 생각이다. 대신 오늘 진도만큼 다 풀고 나서 추가로 한 장을 더 푸는 거야. 여기서 또 밀리면 정말·공부할 맛 떨어질 거야."

"당근이죠."

눈앞의 공부에 집중하지 못하는 이유는 그 공부에 대한 구체적인 목표가 없기 때문이다. 막연하니 집중이 안되고 '왜 이렇게 공부가 안되지?' 하며 답 없는 질문만 떠오르는 것이다.

밀린 수학 공부를 위해 주말 동안 여덟 장의 문제집을 풀어야 한다는 목표가 생겼다면 더 세밀하게 목표를 나누자. 토요일에 다섯 장, 일요일에 세 장, 이런 식으로 분량을 나누고 토요일 오전 중에 두 장, 오후에 한 장, 밤에 두 장, 다시 토요일 오전 일찍 일어나 아침 먹기 전에 한 장, 아침 먹고 한 장, 이렇게 그날의 일과를 떠올리며 공부 장면을 계획해야 한다.

토요일 아침에 일찍 일어나 도서관에 가면 어떨까? 상쾌한 아침 공기 속을 걸으며 잠도 깨고 일찌감치 좋은 자리를 맡아놓으면 토요일 하루 종일 공부하기에도 좋을 것이다. 30~40분 정도 문제집 한 장을 집중적으로 푼 후 집에 돌아와 아침 식사를 하면 성공적인 시작이 된다.

이렇게 공부 상황을 떠올리며 마인드맵 형식의 계획표를 작성해보자. 시간 계획을 했을 때보다 훨씬 나의 공부 목표에 집중할 수 있으며 구체적인 목표를 세우기도 수월하다.

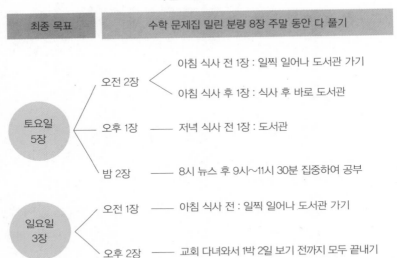

마인드맵 계획표

최종 목표	수학 문제집 밀린 분량 8장 주말 동안 다 풀기

토요일 5장
- 오전 2장
  - 아침 식사 전 1장 : 일찍 일어나 도서관 가기
  - 아침 식사 후 1장 : 식사 후 바로 도서관
- 오후 1장 — 저녁 식사 전 1장 : 도서관
- 밤 2장 — 8시 뉴스 후 9시~11시 30분 집중하여 공부

일요일 3장
- 오전 1장 — 아침 식사 전 : 일찍 일어나 도서관 가기
- 오후 2장 — 교회 다녀와서 1박 2일 보기 전까지 모두 끝내기

"우와. 이것도 계획표에요?"

"그럼. 꼭 정해진 양식대로 할 필요 있니? 공부하는 사람 마음속에 떠오르는 대로 쓰면 계획표가 되는 거지. 물론 멋진 계획표보다 실천이 훨씬 더 중요하긴 해. 하지만 구체적으로 계획을 세우다 보면 계획을 생각하는 동안 자연스럽게 공부하게 될 상황과 모습을 미리 떠올려보기 때문에 훨씬 실천이 쉬워.

'도서관까지 걸어가면서 잠이 깨겠구나', '일요일 저녁에는 오락 프로그램을 봐야 하니까 그전에 공부를 끝내려고 집중을 하게 되겠구나'라는 상상을 하게 되거든. 그러면서 네 마음도 공부할 준비를 하는 거야. 아무 생각 없이 그냥 책상에 앉는다고 자동으로 공부가 되겠니? 공부가 안된다고 한숨이 나오는 건 공부 준비를 하지 않았기 때문이야."

구체적인 공부 계획은 실천을 용이하게 한다. 우선 공부를 시작하고 작은 성과를 만들면 그 다음에 공부하기는 훨씬 쉽다. 이렇게만 해도 공부가 안된다는 고민을 대부분 해결할 수 있다.

물론 해결되지 않은 경우도 있다. 몸이 아프거나 고민거리가 있거나 스트레스에 시달리고 있는 경우는 구체적으로 공부를 계획할 마음조차 생기지 않기 때문이다. 이럴 때는 '왜 이렇게 공부가 안되지?' 정도가 아니라 그냥 공부하기가 싫다.

"정말 그래요. 공부고 뭐고 그냥 다 귀찮을 때가 있어요. 그럴 땐 어떻게 해요?"

"그런 상태에서는 책을 붙잡고 있는 건 의미가 없어. 보통 몸이 약하거나 피곤해지면 마음도 생각도 약해지거든. 사소한 일에도 스트레스를 받고 작은 고민을 크게 부풀려서 힘들어하고 말이야. 그래서 몸을 편안하게 하는 게 먼저야.

요즘 청소년들이 못 먹어서 아픈 경우는 없지. 하지만 잠은 부족해. 제일 먼저 한숨 푹 자는 게 좋아. 자고 나면 몸만 편해지는 게 아니라 자는 동안 면역력도 회복되고 뇌의 작용으로 복잡한 생각이나 사고 과정도 정돈되거든. 한숨 자고 나서 개운한 정신으로 다시 공부 계획을 세워야지."

중2는 학습 의욕이 떨어지는 학년이다. 1학년 때 잘하던 학생들도 괜히 공부하기가 싫고 학교생활이 지겨워진다. 학생들은 답답한 공부에서 도망치기 위해 "왜 이렇게 공부가 안되지?", "오늘은 공부가 너무 안되네"를 습관적으로 말하기도 한다. 공부를 하다가 모르는 문제에 부딪히면서 무력감을 느끼고 자존심이 상하기 때문이다. 그렇다면 공부하는 교재를 바꾸거나 공부 분량을 줄이는 등 공부하는 동안 상처받지 않도록 나만 아는 변화를 꾀해야 한다.

이 세상 어느 누구도 공부를 쉽게 하는 사람은 없다. 전국 1등을 하는 사람도, 노벨상을 받는 사람도 매일 자신을 다그치고 좌절하며 다시 공부를 시작한다. '왜 이렇게 공부가 안되지?'라는 함정에 빠져들지 말자. 스스로를 가르치고 다스리며 배우는 자기 성장인 공부를 하며 궁극적으로는 더 강하고 아름다운 내가 되고 있다는 사실을 잊지 말자.

04. 남녀 공부법의 차이

매일 혼자 오던 헌재가 오늘은 무슨 일인지 예쁘장한 여학생과 함께 들어왔다.

"웬일이야? 친구 데려온 적 없었잖아. 티 내면서 공부하는 거 싫다면서. 여학생들은 제원가 보지?"

"헤헤, 아니요. 박선영이라고 유치원부터 알고 지낸 친군데요. 학습 상담 해보고 싶다고 해서 같이 왔어요. 전교 등수를 다섯 손가락 안에서 해결하는 친구예요. 울 엄마가 만날 선영이 반만 하라고 하시거든요."

"와우, 엄친딸이구나."

"그러니까요. 공부도 잘하면서 뭐 때문에 상담을 받겠다는 건지 모르겠어요."

"그렇지 않아. 전교 1등이 아니라 전국 1등이라도 힘든 점은 있는 거야. 그렇지, 선영아?"

"네, 맞아요."

"그럼 오늘은 특별히 선영이의 고민을 해결해야 되겠네. 선영이는 공부할 때 뭐가 제일 힘들어?"

"집중을 잘 못해요. 잡념도 많고 주변에서 무슨 소리가 들리면 거기에 신경이 쓰이고요. 이 생각 저 생각 하다 보면 공부는 시작도 못 하고 시간만 보낼 때가 많아요."

"헌재는 어때?"

"전 오래 앉아있지는 못하지만 어쨌든 공부를 하려고 앉으면 집중은 잘돼요. 주변 소리에 신경 쓰인 적은 없는 것 같은데. 불러도 대답 안 한다고 엄마한테 잔소리를 들으니까요."

"선영이는 스스로 집중력이 약하다고 생각하는 거니?"

"네. 그게 늘 자신이 없어요."

"아니, 그렇지 않아. 이건 집중력의 문제라기보다 남녀의 차이라고 할 수 있어."

"남녀의 차이요?"

어떤 일을 할 때 남자는 우뇌와 좌뇌를 따로 사용하지만 여자는 양쪽 뇌를 함께 사용한다. 선영이가 집중을 잘하지 못한다고 느끼는 것도 이 때문이다. 눈앞의 공부거리 말고도 옆자리 친구가 소곤거리는 소리, 거실의 텔레비전 소리도 잘 들리는 것이다. 그러니 집중에 방해가 될 수밖에 없다. 반면 남학생들은 눈앞에 보이는 것만 관심을 두고 주변의 소리나 움직임에는 둔하다.

"그래서 제가 엄마 목소리를 못 들었던 거군요."

"맞아. 양쪽 귀에 단어를 들려주는 실험을 해보면 남학생은 오른쪽 귀에 들리는 단어를 주로 듣고 여학생은 양쪽 귀에 들리는 단어를 모두 듣는다고 해."

"왜 오른쪽 귀에 들리는 소리를 더 잘 들어요?"

"언어를 담당하는 부분이 좌뇌에 있거든. 여자는 말을 할 때도 양쪽 뇌를 다 쓰지만 남자는 좌뇌를 주로 쓰는 거야. 눈을 제외한 신체 기관의 감각 정보는 교차해서 뇌에 전달된다는 거 알고 있지? 그래서 남학생들은 언어 정보를 들을 때 좌뇌에 교차하는 기관인 오른쪽 귀에서 들리는 소리에 더 잘 반응하는 거야."

"하하, 재밌어요. 우리 아빠가 축구 보느라 엄마가 부르는 소리를 잘 못 듣는 것도 같은 건가요?"

"응. 그래서 엄마들이 '그 아빠에 그 아들'이라고 하는 거야."

여성이 양쪽 뇌를 함께 사용한다는 것은 분명 강점이지만 공부를 할 때 주변 소음이 잘 들린다는 것은 불리함으로 작용한다. 여학생들은 그 점을 고려하여 집중의 질이 떨어지지 않도록 주의해야 한다.

"선영아. 그러니까 집중력이 약하다고 스스로를 탓하지 마. 더구나 긴 시간 책상 앞에 앉아있으면 잡념에 빠지기 쉬워. 공부 시간을 20~30분 단위로 짧게 나누도록 해. 눈으로 읽는 것보다 소리 내서 책을 읽으면 훨씬 잡념에 빠질 위험이 덜하지. 읽은 내용을 메모하거나 설명해보는 것도 좋아. 쓰고 말하는 행동이 집중을 유지시켜주거든."

"네. 오늘부터 그렇게 해야겠어요."

"헌재는 쓰면서 공부하는 걸 귀찮아하지?"

"엇? 어떻게 아셨어요? 저 노트 필기 잘 못해요."

"남학생들의 공통적인 특징이야. 공부한 내용이 전체적으로 머릿속에 있긴 하지만 단원별로, 순서대로 나열되지는 않는 거지. 손으로 섬세하게 작성하는 게 귀찮기도 하고."

"그래서 항상 선영이 꺼 빌려요. 하하. 선영이 노트는 정리 수준이 예술이거든요."

우뇌가 발달한 남성은 전체를 파악하고 구조를 세우는 데 강하다. 따라서 남학생들은 세부적인 사항에 소홀하기 쉽고 암기 과목에 어려움을 호소한다. 반면 좌뇌가 발달한 여성은 구체적인 사실을 기억하고 세부적인 사항을 관찰하는 데 강하다. 여학생들이 노트 필기를 꼼꼼하게 잘하는 이유도 이 때문이다. 남학생들은 처음부터 끝까지 세부 사항을 모두 적어나가는 것보다 표 그리기, 마인드맵과 같이 뼈대를 먼저 잡고 세부 사항을 채워나가는 방식으로 필기하는 것이 유리하다.

"헌재네 집은 아빠랑 엄마 중에 누가 주차를 더 잘하시니?"

"아빠요. 슬쩍 보고도 딱 맞게 핸들을 돌린다니까요."

"선영이네는 어때?"

"저희도 아빠가 주차를 더 잘해요."

"왜 그럴까?"

"그냥 아빠가 엄마보다 평소에 운전을 더 많이 해서 감이 더 좋은 거 아닐까요?"

"그럴 수도 있겠지. 하지만 대부분의 남성들이 여성들보다 주차를 잘 하는 건 근본적으로 두뇌의 차이 때문이야."

"두뇌요?"

"주차에 필요한 공간 감각은 우뇌에 속하는 역량인데 우뇌가 발달된 남성들은 여성들보다 뛰어난 공간 감각을 발휘하는 거지."

"엇, 저도 선영이보다 잘하는 게 있네요!"

"공간 감각은 주차할 때만 필요한 게 아니야. 구조나 위치 파악을 잘하는 능력은 공부할 때도 힘을 발휘해. 헌재는 암기 과목 공부를 어떻게 하니? 남학생들은 암기 과목을 싫어하거든."

"아, 정말 싫어요. 외워도 계속 까먹고 대충 몇 개만 찍어서 공부할 때가 많아요."

"암기 과목을 공부할 때는 사진 찍듯 암기를 해봐. 예를 들어 국사 공부를 한다면 교과서를 펼친 모양을 머릿속에 그리는 거야. 왼쪽 위에 단원명, 소제목이 있고, 그 아래 다섯 줄 정도 본문, 왼쪽 아래 지도, 지도 옆에 좁은 공간에 본문. 이렇게 나누어서 각각 해당하는 내용을 떠올리면 훨씬 쉬워."

"선생님 말씀을 듣고 나니까 마음이 편해졌어요. 암기 과목을 못하는 게 머리가 나빠서 그런 게 아닌 거죠? 국사 공부할 때마다 잘 외워지지도 않고 정말 답답했거든요. 오늘부터 공부 방법을 바꿔야겠어요."

두뇌 사용 특징 비교

남학생	여학생
우뇌가 발달 - 우뇌의 특징 : 신체의 왼쪽, 창조성, 예술, 시각, 직관, 아이디어, 상상력, 전체적, 공간적	좌뇌가 발달 - 좌뇌의 특징 : 신체의 오른쪽, 말, 사실, 연역, 분석, 실용적, 직선적, 세부의 관찰 - 여아의 말이 더 빠르다
우뇌와 좌뇌를 따로 사용 - 말하거나 들을 때 좌뇌를 사용, 듣기 실험에서 오른쪽 귀에 들리는 소리를 주로 들음 → 엄마의 잔소리를 듣지 못함	양쪽 뇌를 함께 사용 - 듣기 실험에서 양쪽 귀에 들리는 소리 모두 들음 → 공부방 소음 주의
체계화 능력 높음 - 전문적인 일, 운전에 유리 - 표를 그리거나 마인드맵 등 구조화하며 공부하기	공감 능력 높음 - 동시에 많은 일, 상호작용에 유리 - 부모, 교사의 인정에 따라 숙제, 공부의 성과가 달라짐

남자와 여자는 다르다. 두뇌 구조가 다르니 행동 양식에 차이가 날 수밖에 없다. 능력의 차이는 없겠지만 목표를 달성하는 과정, 갈등을 해결하는 방법은 분명 다르다.

"그러니까 헌재는 선영이를 보면서 왜 나는 저렇게 노트 필기를 못할까, 왜 나는 암기 과목을 못할까 한숨 쉴 필요 없어. 선영이도 마찬가지야. 헌재는 누가 부르는 소리도 못 들을 만큼 집중을 잘하는데 왜 나는 이렇게 산만할까 그렇게 생각하지 마. 서로 다른 강점을 가진 거니까. 약점을 걱정하는 것보다 강점을 활용할 궁리를 하는 게 더 현명한 것 아니겠어?"

"네. 맞아요."

"오늘은 각자에게 다른 숙제를 내줘야겠는데?"

"숙제가 있어요? 뭔데요?"

"목록을 적는 숙제인데 뭘 적느냐가 달라. 헌재는 매일 할 일, 공부 목록을 적도록 해. 남성의 뇌인 우뇌는 전체를 잘 보는 대신 세부 사항을 소홀히 할 우려가 있거든. 선영이는 잡념, 고민 목록을 적자. 그래야 이 생각 저 생각에 휘둘리지 않을 거야."

"네. 알겠습니다."

우뇌가 발달한 남학생들이 대충대충 하는 게 약점이라면 좌뇌가 발달한 여학생들은 지나치게 꼼꼼해서 비효율을 낳는다. 오른손잡이라 해서 왼손을 쓰지 않는 건 아니듯, 어느 한쪽 뇌가 기능을 안 하는 것은 아니다. 약점으로 인한 열등감에서 벗어나자. 내가 잘할 수 있는 방법을 적극 활용하는 것에 초점을 두는 것이 현명하다.

05. 나만의 독서실 활용법

독서실도 '학습 도구' 중 하나여야 한다. 나의 목표를 위해 공부하고 그것을 효과적으로 이룰 수 있도록 내가 사용하는 장소인 것이다. 독서실에 간다고 누구나 집중이 잘되는 것도 아니고 안되던 공부가 새삼스럽게 잘되는 것도 아니다.

우선, 독서실은 '조용히 집중하기에 좋은 장소'라는 특징을 갖는다. 따라서 '조용'과 '집중'을 활용할 수 있어야 한다. 반대로 조용한 장소에서 공부가 잘되지 않는 학생은 '조용'과 '집중'을 활용할 이득이 없으므로 독서실에 가지 않는 것이 좋다.

꼭 공부만 해야 하는 건 아니다

수행평가 과제도 대단한 노력을 요한다. 특히 제출 날짜를 지키기 위해 새벽까지 애를 쓴 경험은 누구에게나 있을 것이다. 학교 행정상 수행평가 점수 입력 날짜가 정해져 있기 때문에 선생님들도 그 날짜에 맞추어 과제 제출일을 정한다. 따라서 과목별로 수행평가 날짜가 겹치는 '수행평가 시즌'이 생기는 것이다.

수행평가가 밀려 있다면 독서실을 이용해보자. 집중력을 발휘하면 산더미 같은 과제도 생각보다 빨리 마무리된다. 집에서는 텔레비전 앞에 밥상을 놓고, 바닥에는 과제를 펼쳐 놓고 하겠지만 독서실에서는 그럴 수 없기 때문이다.

진지한 고민거리가 있을 때도 독서실을 이용할 수 있다. 진로, 부모와의 갈등, 친구 문제 등 오만 가지 잡념으로 머리가 복잡할 때는 두고두고 고민하는 것보다 날을 정해 정리를 하는 것이 좋다. 이런저런 생각이 길어지면 혼란스러운 '감정'으로 변질될 수 있기 때문이다. 연습장 한 권과 펜 하나만 들고 조용한 독서실로 가자. 종이에 적어가며 생각을 정리하다 보면 명료하게 결론을 추려낼 수 있을 것이다.

독서실이 필요한 학생

상황	조언
자기만의 시간과 공간을 즐기는 학생	내향형의 학생들은 독서실이 편안하다. 방해받지 않는 자기만의 공간이 확보되기 때문인데, 이 아이들은 공부뿐 아니라 일기를 쓰기도 하고 다이어리 정리도 하며 자기만의 시간을 즐긴다. 꼼지락거리는 이 시간은 내향형 학생들에게 큰 에너지원이 된다. 당연히 공부를 하기에도 매우 적당한 장소다.

오랜 시간 집중하기가 어려운 학생	집에서는 더더욱 집중하기가 어려울 것이다. 좀처럼 긴장을 하기가 쉽지 않은 환경이기 때문이다. 옷도 편하게 입게 되고 머리도 감기 싫어진다. 독서실에서 공부를 할 때는 30분 간격으로 쉬는 시간을 만드는 것이 좋다. '공부 할 만하면 쉬는' 리듬이 지루함을 덜어줄 것이다.
일단 시작하면 끝까지 몰입하는 학생	스마트폰, 텔레비전 등의 방해 요소가 있으면 집중력을 해치고 시간을 잡아먹게 된다. 하루 종일 독서실에 있는 것보다는 세 시간에서 다섯 시간 동안 '끝내야 할 것'을 정하고 몰입하자. 중간에 식사도 휴식도 필요 없다. 친구들과 함께 가면 장시간 집중의 흐름이 깨질 수 있으니 절대 금물이다.
독립된 공부방이 없는 학생	동생과 함께 방을 쓰거나 책상이 따로 없는 학생들도 꽤 많다. 공부 환경, 공부 자세가 안정적이지 않다면 독서실을 활용하는 것도 좋다. 그럴더라도 독서실에서 무엇을 공부하고 정리할지에 대한 명료한 계획은 독서실에 가기 전에 준비돼야 한다.

독서실을 피해야 하는 학생

상황	조언
쉽게 우울해지는 학생	어둡고 조용한 독서실에 있으면 더없이 가라앉게 된다. 부정적인 생각에 묻혀 있거나 공부에 대한 동기부여가 되지 않으면 학습 효과가 나지 않는다. 집의 책상 배치도 신경 써야 한다. 창가에 책상을 두어 해가 잘 들도록 하고, 저녁 시간보다는 아침에 시간을 내어 공부하는 것이 좋다.
조용한 분위기에 답답함을 느끼는 학생	공부를 할 때도 중얼중얼하거나 몸을 움직이는 것이 편한 학생들이다. 이런 아이들은 독서실의 다른 학생들에게 방해가 되기도 하지만 본인에게도 도움이 되지 않는다. 정해진 자리에 꼼짝 없이 앉아 있는 것을 싫어하는 학생은 독서실에서 집중을 하기가 더욱 어렵기 때문이다. 탁 트인 공원이나 놀이터, 집에서 자유롭게 공부하는 것이 가장 좋다.

주변의 상황 변화에 민감하게 반응하는 학생	독서실에서는 볼펜 떨어지는 소리, 기침 소리, 스마트폰 진동, 발자국 소리 등이 크게 들린다. 이 소리들이 귀에 거슬린다면 공부를 하기 어렵다. 주로 오감이 잘 발달된 학생들이 이러한 민감함을 가지는데, 사실 독서실보다는 공공 도서관을 이용하기를 권한다. 공부하는 분위기는 조성되어 있지만 지나치게 고요하지 않아 좋다.
친구들과 어울리는 것을 좋아하는 학생	특히 시험 기간은 각 학교의 학생들이 모두 독서실로 모여들기 때문에 크고 작은 '이슈'들이 생기게 마련이다. 간혹 싸움이 붙어 구경거리가 생기기도 한다. 독서실에서 반가운 친구들을 만나면 같이 밥을 먹고는 노래방으로 가버리는 일도 많다. 사람 좋아하는 성격에 친구들의 권유를 거절하기 어렵다면 집에서 혼자 나의 학습 계획을 실천하는 것이 지혜로운 방법이다.

📚 '독서실 착각'을 조심하자

학생들은 종종 독서실 가는 행위 자체를 공부라고 착각하곤 한다. '공부해야 되는데', '친구한테 같이 가자고 할까?' 같은 이런저런 생각에 빠지며 좋은 자리 맡으러 일찍 일어나는 등 독서실 공부를 위해 소모하는 에너지를 모두 공부하기 위해 쏟은 노력이라 여기는 것이다.

하지만 이러는 동안 실제로 공부는 전혀 이루어지지 않는다. 독서실에 가거나 자리를 맡아놓는 등의 행위는 공부라는 큰 주제 안에서 이루어진 정성이기는 하지만 아쉽게도 이것들은 성적에 어떤 기여도 해주지 못한다. 공부에 대한 생각과 공부는 엄연히 다르다는 점을 유념하자.

'독서실 착각'에 빠지는 과정

공부의
필요성 자각

> 시험이 4일 남았다. 공부 하나도 안 했는데 큰일 났네. 시험 범위를 들춰 보니 장난이 아니다. 복사해야 할 프린트들도 몇 장 있고, 외울게 많은 한문, 일본어는 특히 긴장이 된다.

독서실에
가기로 결정

> 이번 주말에는 독서실 가야 되겠다. 6시에 일어나야지. 토요일, 일요일은 하루 종일 독서실에만 있을 거야. 전 과목 한 번씩은 볼 수 있겠지? 혜민이한테 같이 가자고 해야겠다.

실행에
옮김

> 토요일 아침. 학교 가는 날은 아니지만 아침 일찍 일어났다. 독서실에 갔더니 시험 기간이라 그런지 나보다 더 빨리 온 애들이 많아 남은 자리가 얼마 없었다.

'독서실 착각'에 빠지는 과정에서는 소비하는 에너지를 최소화해야 한다. 내가 무엇을 공부해야 할지에 감정과 이성이 집중돼야 하며 그 수단으로 독서실을 이용한다는 인식이 필요하다.

4장

굵고 짧은 공부로
승부하자

01. 집중력 향상 십계명

  '공부는 엉덩이로 한다', '공부는 시간과의 싸움이다'라고들 하지만 결과는 엉덩이로 버틴 시간 동안 얼마나 질 좋은 공부를 했느냐에 따라 달라진다. 결국 공부는 집중력과의 싸움인 셈이다. 공부를 잘한다는 친구들은 과연 모두 백이면 백 집중력이 높을까? 그렇지 않다.

  공부를 잘하는 친구들의 상당수는 집중력을 순간적으로 향상시키는 친구들이다. '공부해야지' 하고 자리에 앉으면 모든 감각기관이 외부의 수많은 정보를 차단하고 눈앞의 책에 몰두하는 것이다. 종종 "전 집중력이 원래 약한 것 같아요"라며 투덜거리는 학생들을 만난다. 집중력이 선천적인 능력이라고 생각하는 것이다. 그러나 그것은 오해다. 필요할 때 의도적으로 집중력을 높이는 것은 연습의 산물이다.

📚 1. 내 수준에 맞는 내용 학습하기

집중은 멈춰있는 상태가 아니라 반대로 뇌가 활발히 움직이고 있는 상태다. 그러기 위해서는 공부하는 내용이 나의 수준에 적정한 것이어야 한다. 학습 내용이 너무 어려우면 아예 책을 보기 싫어지고 반대로 너무 쉬우면 오히려 잡념이 생긴다. 내 수준에 맞는 내용을 학습하자. 집중력은 기존의 지식을 바탕으로 조금씩 새로운 사실을 알아갈 때 재미와 함께 생겨난다.

영어 단어를 외울 때는 어디서 많이 본 듯한 단어와 처음 보는 단어의 비율을 7:3 정도로 하는 것이 좋고 수학 문제를 풀 때는 기본문제와 응용문제, 심화문제의 비율이 5:3:2 정도면 적당하다고 할 수 있다.

📚 2. 눈빛과 호응으로 맞춤형 수업 만들기

혼자 공부할 때는 내 수준에 맞는 학습 내용을 선택할 수 있지만 수업 시간에는 어떻게 해야 할까? 수업에 집중하려고만 하면 얼마든지 수업의 흐름을 나에게 맞출 수 있다. 우선 수업 시간에 선생님과 눈을 마주치자. 선생님들은 학생들이 이해가 되었는지 아닌지를 표정으로 확인하는 수밖에 없다. 따라서 수업에 집중하는 학생들의 끄덕임이나 갸우뚱한 눈빛은 수업 진행의 기준이 된다.

선생님이 설명하실 때 이해가 잘 되지 않는다면 눈으로 모르 겠다는 표정을 짓고, 이해가 되었을 때는 고개를 힘차게 끄덕이 거나 확신에 찬 눈빛을 보이자. 수업이 나의 의사표시대로 흘러 가고 있다는 것을 느낄 수 있을 것이다. 이렇게 집중을 하고 있 으니 수업 내용이 기억에 훨씬 또렷하게 남는 것은 당연하다. 겉으로 보기에는 1:30의 수업이지만 그 안에서 집중하는 학생은 1:1 수업을 듣는 셈이다.

📚 3. 질문하고 대답하기

우리 뇌는 구체적인 과제와 발전을 좋아한다. 때문에 수업 시 간에 우리 뇌에게 구체적인 과제를 주어 계속 활동하게 하면 수 업에 집중하기가 한결 수월하다. 가장 좋은 방법은 예습이다.

완벽한 예습은 오히려 수업 흥미를 떨어뜨리니 의문거리를 찾아두는 정도면 충분하다. 의문이 생긴 부분에 표시를 해두면 수업을 들을 때 그 궁금증을 풀기 위해서 집중하게 되고, 때로 는 그 부분을 실마리로 단원 전체를 이해하기도 한다. 수업이 진행되는 중에도 질문할 거리가 생긴다면 찾아서 메모하거나 스티커를 붙여두자. 질문은 어느 순간 탁 떠올랐다가도 다른 내 용을 이해하려고 애쓰는 사이에 금방 사라져버리기 때문이다.

질문은 수업이 끝난 후에 바로 하는 것보다 다시 한 번 내용을 보면서 스스로 해결해본 후 다음 시간에 하는 것이 좋다. 그러면 자동적으로 복습도 되고 다음 수업을 기다리는 마음도 생긴다.

수업 시간마다 의무적으로 한 가지씩 질문거리를 찾으려고 노력하자. 그것만으로도 수업 내용에 능동적인 관심이 생기며 그렇게 생긴 사고력이 수업 집중의 뼈대가 된다.

📚 4. 구체적인 목표와 과제 설정하기

구체적인 목표에는 공부 시간과 분량, 공부 방법이 포함돼야 한다. 예를 들어 책을 읽어야 한다면 '한 시간에 3쪽부터 50쪽까지 읽고 5줄로 요약하기'와 같은 것이다. 이런 목표를 세우면 중심 내용을 파악하기 위해서 더 집중하게 될 뿐 아니라 빠르게 내용을 파악하는 훈련도 자연스럽게 이루어진다.

📚 5. 머리를 써야 하는 과제 부과하기

우리 뇌는 단순한 작업을 좋아할까? 정답은 No! 어떤 사람이든지 머리를 어느 정도 써야 하는 작업을 할 때 더 재미를 느낀다. 게임도 어릴 때 하던 단순한 것보다 요즘 하는 복잡한 게임에 더 정신이 팔리는 것도 같은 이유다. 아무 생각 없이 책에 나와 있는 내용을 읽고 외우려고 하다 보면 아무래도 집중하기에 힘이 든다. 그렇기 때문에 학습에 집중하기 위해서는 혼자 공부를 할 때도 계속 머리를 움직여야 한다.

이를 위해서는 스스로 질문을 만들어보는 게 좋다. 예를 들면 '지금 이 단원의 전체 주제는 무엇일까?', '이 단원을 실제 생활에 적용한다면 어떠한 분야에 어떻게 사용할 수 있을까?' 등을 생각하면서 공부하는 것이다. 나아가 시험 문제를 출제한다고 생각하면 더 큰 학습 효과를 거둘 수 있다. 시시한 내용이 시험에 나오지는 않을 테니 헷갈리는 보기와 함정들도 고려해야 한다. 이렇게 시험문제를 직접 생각해보는 과정에서 스스로 중요한 내용을 파악할 수 있고 출제자의 시각을 가질 수도 있다.

관점을 바꾸어서 생각해보는 것도 좋다. 소설 '봄봄'을 읽는다면 주인공이 아니라 장인의 입장에서 또는 점순이의 입장에서 읽어보자. 역사를 공부하는 과정에서는 '내가 조선을 세운 태조 이성계라면 어떤 나라, 어떤 정책을 만들었을까?' 하는 상상을 하면서 스스로 주인공이 되어볼 수도 있다. 그러면 자연스럽게 내용에 흥미를 느끼면서 집중도 되고 또 다른 재미를 느낄 수 있다. 이렇게 무언가에 재미가 붙으면 집중하기가 훨씬 쉽다.

📚 6. 선생님이 되어 설명하기

정말 기억하기 어려운 것들이 있을 때는 친구와 서로에게 설명을 하면서 공부하는 게 좋다. 혼자 읽는 것보다 목소리를 내어 말하고, 또 나의 설명을 들을 수 있기 때문에 어려운 내용이라도 머릿속에 깊이 새겨둘 수 있다. 때로는 잘 이해되지 않던 부분이 다른 친구에게 설명을 해주다가 해결되기도 한다.

설명을 한다는 것은 머릿속에 든 생각을 언어로 풀어내는 과정이다. 때문에 설명을 해야 한다는 생각을 가지고 공부하면 기억이 잘되며 핵심적인 내용을 중심으로 공부하게 되고, 또 공부한 내용들을 조직하게 된다. 이 복잡한 체계화를 하느라 뇌는 자연스럽게 집중할 수밖에 없다. 혼자 공부하는 경우가 많아 누군가에게 설명할 수 있는 상황이 못 된다면 집에서 혼자 설명하듯이 중얼중얼하면서 공부해보자.

📚 7. 꼬박꼬박 휴식 시간 갖기

휴식은 시간을 '버리는' 것이 아니라 '버는' 것이다. 규칙적으로 휴식을 취했을 때 우리의 머리는 기억했던 내용들을 정리하는 한편 다음 학습을 위한 재정비를 하게 된다. 이렇게 미리 준비 작업을 해두면 다음 학습을 좀 더 효율적으로 할 수 있다.

휴식을 취할 때는 평소에 내가 좋아하는 일이나 학습과는 전혀 다른 색깔의 일을 하는 것이 좋다. 뇌의 다른 부분을 자극하는 것은 그냥 가만히 쉬는 것보다 훨씬 능동적인 휴식으로 자주 쓰는 뇌 기능의 회복이 빨라진다.

잠을 충분히 자는 것, 휴식을 규칙적으로 취하는 것 등이 모두 다음 학습을 좀 더 집중해서 할 수 있는 준비 과정이라는 사실을 꼭 기억하자.

📚 8. 혼자만의 집중 시간 만들기

토마스 만은 노벨 문학상 수상자이자 20세기 독일의 가장 위대한 소설가로 꼽히는 작가다. 역사가인 장 루돌프 폰 잘리스가 토마스 만에게 전쟁이나 망명 같은 어려운 외적 상황에서 어떻게 그렇게 장중한 작품을 쓸 수 있느냐고 물었다. 이 위대한 작가는 대답했다.

"아, 오전 시간은 나에게는 신성한 시간입니다. 나는 아침 일찍 책상 앞에 앉습니다. 그때는 아무도 만나지 않고 전화도 신문도 편지도 사양합니다. 그렇게 해서 점심때까지 바깥세상과 단절되어 작품에만 열중합니다."

우리도 토마스 만처럼 '신성한 시간'을 가져보면 어떨까? 전화도 텔레비전도 컴퓨터도 멀찌감치 떨어뜨려놓고 매일 고정된 시간에 공부하고 생각하는 것을 존중하며 지키자. 방문 앞에 '매일 저녁 아홉 시에서 열 시까지는 수연이의 신성한 시간입니다'라고 붙여놓고 가장 집중력이 필요한 과목이나 어렵고 중요한 부분을 공부하는 것이다. 그 시간 동안은 가족은 물론 친구들과도 완전히 단절되어야 한다.

혼자만의 집중 시간 만들기를 실천해 본 모든 학생은 그 시간의 고요함과 집중력, 학습 효과에 크게 만족한다. 저마다 자기만의 신성한 시간을 정하고 2주만 꾸준히 지켜보자. 깜짝 놀랄 만한 결과를 얻을 수 있을 것이다.

📚 9. 나를 방해하는 것들 무찌르기

전화, 텔레비전, 컴퓨터 등은 누구에게나 방해 요인이다. 이 외에도 일단 방해가 되는 것들을 종이에 적어보자. 그리고 그것들을 피하거나 없애는 방법을 생각해보자. 친구들과 같이 작전을 짜도 좋다. 이러한 외부적인 것들은 멀리하려고 마음만 먹으면 피할 수 있는 것들이다.

머릿속을 어지럽게 하는 내부적인 것들도 찾아내야 한다. 내 마음이 진로, 성적, 연애 등 복잡한 감정에 쏠려있다면 학습 내용에 집중하기가 어렵다. 감정을 처리하는 방법으로는 '치워놓기'가 좋다. 산만한 감정을 옆에 치워놓았다가 시간이 날 때 다시 꺼내는 방법이다. '7시까지 숙제를 마치고 다시 생각해 봐야지' 해두고 숙제하는 동안에는 숙제에만 집중하는 것이다.

감정은 의지대로 없어지지 않으니 그것을 위한 자리와 시간을 따로 정해놓는 것이 스트레스 관리를 위해서도 좋다. 식사 후 산책, 책상 정리, 운동하는 시간에 치워두었던 감정을 다시 꺼내면 어떨까? 공부를 할 때 훨씬 효과적으로 집중할 수 있고 시간이 지남에 따라 감정이 추슬러지기도 한다.

📚 10. 집중하기 전 마음의 준비 하기

'미녀 새'라는 별명을 가진 러시아의 장대높이뛰기 선수 이신

바예바는 도약을 하기 전 입을 중얼거리며 자기만의 주문을 왼다. 미녀 선수의 신기록을 응원하며 운동장을 꽉 채운 사람들의 함성 속에서도 자기만의 집중 상태를 만드는 것이다.

만약 그녀가 친구들과 과자를 먹으면서 수다를 떨다가 바로 도약을 했다면, 신나게 춤을 추다가 도약했다면 좋은 기록을 낼 수 있었을까? 뇌 활동도 마찬가지다. 우리의 뇌는 한 가지 활동에서 다른 활동으로 급하게 전환하기 위해선 새로운 환경에 집중하기 위한 일정 시간이 필요하다.

스마트폰에 푹 파묻혀 있다가 선생님이 들어오시는 바람에 허둥지둥 수업 준비를 하거나, 운동장에서 열심히 축구를 하다가 수업 종이 울리기 직전에 헐레벌떡 교실로 뛰어온다면 최상의 집중력을 발휘할 수 없다.

공부 시작 전에는 자리에 앉아 지난 시간 노트를 읽어보거나 마음을 가다듬어보자. 이전보다 훨씬 바르고 편안하게 집중할 수 있을 것이다.

! 집중력 향상에 도움을 주는 모차르트 음악

모차르트의 음악이 집중력 향상에 도움을 준다는 연구 결과가 있다. 모차르트의 음악을 들으면 우리의 뇌파가 공부하거나 집중할 때 생기는 뇌파로 유도된다는 것이다. 이를 실천하려면 공부 시작 무렵 음악을 틀고 집중에 거슬리지 않을 정도로 고요하게 음량을 조절하자. 집중이 잘되면 음악을 끄고 공부를 이어가면 된다.

※ 추천 음악 목록

- 교향곡 25번 G단조 K.183 1악장 알레그로 콘 브리오
- 클라리넷 5중주 A장조 K.581 2악장 라르게토
- 피아노 협주곡 23번 A장조 K.488 중 아다지오
- 2대의 피아노를 위한 소나타 D장조 K.488 중 안단테
- 피아노 소나타 C단조 K.457 중 아다지오
- 바이올린 협주곡 3번 G장조 K.216 중 알레그로
- 네 손을 위한 피아노 소나타 D장조 K.381 중 안단테
- 교향곡 42번 c장조 '주피터' K.551 중 몰토 알레그로
- 피아노 협주곡 21번 2악장

02. 한 번에 하나씩
복불복 게임

예습, 복습, 숙제 등 중학생들이 매일 해야 하는 공부는 생각보다 오랜 시간을 요하는 것들이 아니다. 대부분 맘 잡고 앉으면 10분 전후로 끝낼 수 있는 공부들임에도 불구하고 학생들은 할 생각을 안 한다. 뭐라도 해볼까 책을 꺼내도 다 끝내기도 전에 금방 지루해지고 '참, 수학 숙제가 있었지' 하며 다른 것으로 옮겨가곤 한다.

이제부터라도 이것저것 펼쳐놓지 말고 한 번에 하나씩 집중하는 훈련을 하자. 집중하는 동안 느껴지는 뿌듯함과 행복감을 아는 사람은 더 많은 공부를 할 수 있으며 어려운 공부도 거침없이 해낼 수 있다. 여러 가지를 한꺼번에 붙들지 말고 한 번에 하나씩 작은 성공을 모으자. 점같이 작은 성취감들이 모여 나중에는 결국 성공적인 인생을 만들어낼 것이다.

📚 무엇이든 시작하자

중2는 참 공부를 안 하는 학년이다. 1학년 때는 중학생이 되었다는 긴장감으로 어떻게든 해보려고 애를 썼지만 2학년이 되어서는 익숙해진 중학 생활과 성적에 대한 실망으로 좀처럼 공부가 손에 잡히지 않는 것이다.

그렇다고 머리가 둔한 건 아니다. 흥미로운 실험이나 상품이 큰 퀴즈 대회에서는 놀라운 암기력과 문제 해결력을 보이곤 한다. 일단 공부를 시작하면 늘어 져 있던 집중력이 당겨질 텐데 아이들은 무언가 시작하기를 참 귀찮아한다.

할 건 많은데 얼른 시작하지 않고 스마트폰만 만지작거리는 아이들에게 내가 종종 권하는 방법은 제비뽑기다. 해야 할 것들을 메모지에 각각 적어서 복불복 게임처럼 눈을 감고 하나를 뽑는 것이다. 무엇이든 그렇게 뽑힌 걸 시작해야 한다. 일단 시작을 해야 집중이 가능하고 집중에 시동이 걸려야 다음 공부도 가능하기 때문이다.

📚 한 번에 하나씩 집중하자

무엇이든 시작을 했으면 그것에 몰입해야 한다. 그 공부가 다 끝날 때까지는 절대 다른 공부로 넘어가서는 안 된다. 이 규칙을 철저하게 지켜야 한다. 그렇지 않으면 이것저것 찔끔거리다 아무런 성과도 내지 못하기 때문이다. 이 세상에 그것 말고 다른 공부는 없는 것처럼, 그 공부가 끝나면 세상을 떠날 것처럼 푹 빠져야 한다. 오글거리지만 드라마 주인공이 되었다고 생각하면 된다. 배경음악이 깔리면서 뭔가에 집중하고 있는 모습을 상상해보자.

집중을 해야 하는 가장 큰 이유는 집중하는 동안 만들어지는 뿌듯함을 경험하기 위해서다. 집중하며 무언가를 열심히 할 때 뇌는 행복함을 느끼는 호르몬을 분비한다. 자연스럽게 '공부를 열심히 하니 행복하구나', '다음에도 이렇게 해야지'라는 생각이 드는 것이다. 이것이 다음 공부의 동기가 된다. 공부를 시작하기 전 귀찮음, 어려운 문제를 만났을 때의 좌절감, 해도 오르지 않을 거라는 두려움 등 공부를 하며 밀려드는 감정의 파도를 이길 수 있는 힘은 집중의 경험으로 쌓인 '그래도 하면 될 거야'에서 나온다.

📚 작은 책상이 좋다

'한 번에 하나씩'은 잡념이 많아 고민인 학생에게 특히 더 권한다. 가능하다면 집에서도 학교 책상처럼 작고 단순한 책상에서 공부를 하자. 책상이 크고 좋으면 책장과 컴퓨터, 달력 등 눈길을 끄는 잡동사니들이 많아지기 때문이다. 책상을 새로 마련하기 어렵다면 거실 식탁을 깨끗이 치우고 공부할 것 딱 하나만들고 나가 집중하는 것도 좋다.

작은 책상 위에 한 가지씩 공부할 것을 올리고 그 공부가 다 끝나면 빌린 책상을 돌려주기라도 할 것처럼 책상을 말끔히 치운다. 그리고 다음 공부를 시작하는 것이다(다음에 어떤 공부를 할지 정하지 못했다면 다시 제비를 뽑으면 된다). 10분, 20분 단위로 책상을 열심히 치우고 부지런히 이 책 저 책을 옮겨가며 공부하는 것이다. 번거로울 것 같지만 오히려 더 효과적이다. 책상을 치우고 책을 정리하는 동안 자연스럽게 휴식이 되며 몸도 마음도 다음 공부를 위한 준비를 하기 때문이다.

📚 장기적으로 몰입해야 할 공부는 이렇게

숙제, 복습 등 매일 해야 할 공부만 집중적으로 끝내도 상위권의 성적을 낼 수 있다. 욕심을 내어 '한 달 동안 이 책 한 권을 다 푼다'와 같이 장기 프로젝트에 도전하고 싶다면 마찬가지로 '한 번에 하나씩 집중'의 원칙을 적용할 수 있다.

- 한 달 동안 그 책을 모두 끝내기 위해 매일 얼마나 공부해야 할지 분량을 정한다.
- 그 공부를 첫 번째 우선순위로 두어 다른 공부보다 먼저 시작한다(즉 제비뽑기에서 제외한다).
- 페이지마다 날짜를 적고 그날에 해당하는 공부를 꼭 실천

하도록 늘 의식한다.

- 몸이 아프거나 집에 손님이 오는 등 공부하기 어려운 상황이 생기더라도 그날 하기로 정한 공부만큼은 꼭 하도록 한다(때로는 형식적이고 고집스러운 실천도 필요하다).
- 명절이나 휴가 등 멀리 외출을 할 때는 책을 챙겨서 이동 중에라도 공부를 할 수 있도록 하자.
- 한 달 후 목표한 대로 책 한 권이 끝났다는 성취감은 무엇으로도 대신할 수 없는 위대한 교훈이 된다.

03. 집중 토막 공부

우리가 집중할 수 있는 시간은 얼마나 될까? 학생들에게 자율학습을 시키고 "집중력이 떨어진다는 느낌이 들 때 조용히 손을 드세요"라고 했더니 공부 시작 후 7~8분 사이에 손을 가장 많이 들었다. 즉 자습 시간이 되면 10분도 안 되어 산만해지고 웅성거린다는 얘기다.

그래서 집중 토막 공부가 필요하다. 내가 집중할 수 있는 시간만큼 공부를 하고 나도 모르게 흐트러진 집중 상태를 의식적으로 끌어올려야 한다. 그렇지 않다면 효과 없는 공부로 시간만 보내게 될 것이다.

"선생님, 저는 왜 이렇게 집중력이 약할까요?"

영어 공부를 하던 경수가 느닷없이 한숨을 쉰다.

"갑자기 그런 건 왜 물어?"

"공부 시작한 지 얼마 안 된 것 같은데 벌써 지겨워요."

"공부 지겨운 게 뭐 하루 이틀 일이니?"

"그렇긴 한데요. 요즘 새삼스럽게 많이 느껴요. 방과 후 시간에 다른 수업 신청 안 하고 그냥 자습한다고 했거든요. 45분 자습하는 건데 뭐 하는 것도 없이 시간이 다 지나가요. 처음에 조금 공부가 잘되는 것 같다가도 금방 딴짓한다니까요. 마지막 15분은 그냥 시계만 보다가 끝나요."

공부는 매우 능동적인 작업이다. 이 과정에 집중을 한다는 것은 대단한 에너지를 소모하는 일이기 때문에 금방 피로해질 수밖에 없다. 한두 시간을 쉬지 않고 뛰는 것이 매우 어려운 일이듯 쉬지 않고 한두 시간 집중 상태를 이어나가는 것도 상당히 어려운 일이다. 따라서 자습 시간 45분 동안 계속 집중하지 못하는 것은 당연하게 받아들여야 한다. 집중력이 짧아서가 아니다.

"다른 애들은 꼼짝도 안 하고 잘하던데요?"

"조용히 앉아있을 수는 있겠지. 하지만 그 시간 동안 완전히 공부를 다 했느냐는 별개야. 그 친구들을 불러서 물어보면 아마 너랑 똑같은 고민을 하고 있을 걸?"

집중 시간이 짧은 것은 크게 걱정할 일이 아니다. 더 큰 문제는 집중력이 떨어지는 상태를 방치하는 것이다. 집중력이 떨어진 상태에서 공부를 계속 이어나가면 속도도 느리고 기억도 나지 않으며 '되게 지루하네', '왜 이렇게 어렵지?'라는 부정적인 감정이 쌓인다.

다음 그림을 보자. 집중이 가능한 시간이 10분이라면 10분마다 의식적으로 집중의 상태를 점검하여 최상의 공부가 지속되도록 해야 한다(빨강). 그렇지 않으면 최초 10분만 집중의 상태에서 공부가 이루어지고 점점 효율이 떨어진다(검정). 그대로 방치하면 잡념, 산만함, 졸음 등으로 나머지 공부 시간을 그냥 '버티게' 된다.

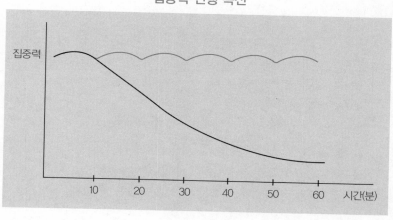

집중력 진행 곡선

"그럼 어떻게 해요? 10분만 공부를 할 수는 없잖아요."

"나의 집중 상태가 어떤지 인식하면서 공부할 필요가 있어. 방전된 상태에서 질질 끌지 말고 공부를 잠시 끊어야지. 다시 말해 토막 공부를 해야 한다는 거야. 겉으로 보기에는 다 똑같은 것 같지만 막상 해보면 공부의 질은 달라. 먼저 토막 공부를 해본 선배의 이야기를 들어볼까?"

저는 재수를 하여 대학생이 되었습니다. 중고등학교를 거쳐 재수까지 했지만 공부를 제대로 시작한 것은 재수 기간을 절반 이상 보낸 후였어요.

학교 다니는 내내 상위권의 성적을 유지하며 공부를 열심히 한다고 했지만 제가 어느 정도의 집중력을 가졌는지는 한 번도 생각해 본 적이 없습니다. 그러다 재수를 할 때 비로소 '공부는 양보다 질'이라는 걸 깨달았어요. 그래서 집중 시간을 체크했죠. 그랬더니 컨디션이 좋은 날에도 30분을 넘지 못한다는 걸 알았습니다.

충격적이기도 하고 실망스럽기도 했지만 30분이 지나면 지치고 공부 효율도 떨어졌습니다. 그래서 30분짜리 토막 공부를 최대한 많이 모아보기로 했어요. 하지만 하루 종일 노력한 날에도 8개 이상 모으기는 어려웠습니다.

고3 때는 매일매일 하루 종일 책상 앞에 앉아있었는데 돌이켜보면 제 집중 시간을 생각해볼 때 그때는 그냥 자리만 지키고 있었던 거죠. 공부한다는 착각을 하면서요. 수험생으로서는 짧은 시간이었지만 내가 할 수 있는 집중 시간을 최대한 지켰더니 성적은 고3 때보다 훨씬 잘 나왔습니다.

저의 집중 시간을 조금 일찍 알았더라면 재수를 할 필요도 없었고 공부하는 재미를 빨리 알았을 거예요. 자신의 집중 시간을 점검해보세요. 욕심 없이 그만큼만 집중하고 토막 공부들을 모으면 어떤 공부든 다 해낼 수 있습니다.

"맞아요. 30분 공부하는 것도 쉬운 건 아니에요."

"집중 시간을 한번 재봐. 좋아하는 과목, 잘하는 과목은 집중 시간이 조금 길겠지만 그렇지 않은 과목은 짧을 거야. 같은 과목이라도 문제 풀이를 하느냐 개념 공부를 하느냐에 따라 결과가 달라지겠지."

집중 시간을 아는 것은 매우 중요하다. 공부의 효율을 올리기 위함은 물론이고 휴식 시간 배치, 딱 맞는 공부 시간 계획에도 관여되어 있기 때문이다.

1. 초시계를 준비한다(스마트폰의 스톱워치 기능을 사용하면 된다).
2. 시작과 함께 초시계를 누르고 공부를 시작한다.
3. 공부를 시작해서 졸리거나 그만하고 싶은 생각이 나기 시작할 때까지의 시간을 잰다.
4. 3~5회 측정하여 평균을 낸다.

집중 시간 측정표

1회	2회	3회	4회	5회	평균

"자습 시간을 효율적으로 쓰기 위해서는 자습 시간에만 하는 공부를 하나 정해놓는 것이 좋아. 그 공부의 집중 시간에 맞춰 45분을 어떻게 쓸지 계획할 수 있거든. 지금까지는 주로 어떤

공부를 했니?"

"영어 독해 문제집 풀었어요. 집중 시간을 재보지는 않았지만 두 지문 정도 풀면 딴짓했던 것 같아요."

"그럼 독해 문제집을 풀면서 집중 시간을 재면 돼. 예를 들어 집중 시간이 15분이라면 스마트폰 알람으로 15분을 맞춰놓고 15분만 미친 듯이 집중하는 거야. 자습 시간에 알람을 쓸 수 없다면 시계를 보면서 의식해야지."

"15분이 지나면요?"

"앉은 자리에서 잠시 쉬는 거야. 기지개를 켜거나 물을 몇 모금 마신다든지 하면서. 겉으로 보기에는 계속 공부를 하는 것 같겠지만 공부하는 사람은 전략적인 휴식을 하고 있는 거야."

이 잠깐의 휴식이 나도 모르게 집중력이 떨어지는 것을 방지한다. 1분 정도 환기를 위한 휴식이므로 엎드려 자거나 자리에서 일어나 돌아다녀서는 안 된다. 그 다음 다시 집중 공부를 시작하면 된다.

집중 공부의 진행

집중 공부	잠깐 휴식	집중 공부	잠깐 휴식	집중 공부	휴식 + 학습 점검

"그렇게 계속해요? 세 번만 하면 자습 시간 끝이네요?"

"말은 간단하지만 직접 해보면 한 번 하는 것도 만만치 않아. 15분이 천 년처럼 느껴진다니까."

첫 번째보다 두 번째 공부가 더 힘들다. 힘들게 느껴지지 않는다면 첫 번째 공부에서 집중을 안 했다는 증거다. 토막 공부 두세 번 후에는 10분 정도 조금 긴 휴식을 한다. 화장실을 가는 등 자리에서 일어나는 휴식이다. 이 휴식을 기준으로 같은 공부를 이어갈지 과목을 바꿀지 등을 점검해야 한다. 두세 번의 집중을 통해 적지 않은 분량을 공부했을 것이고 같은 공부에 지루함을 느낄 수도 있으니 시험공부나 밀린 숙제 등 특별한 경우가 아니라면 과목을 바꾸는 것이 좋다.

"한 시간을 연이어서 공부하는 것보다 10분짜리 공부를 6개 모은 것의 공부량이 훨씬 많아. 양뿐만 아니라 이해의 정도, 기억의 정도도 비교할 수 없을 만큼 훌륭하지. 나의 집중으로 모아진 60분이니까."

"정말 그럴 것 같아요."

"내가 집중할 수 있는 만큼만 효율적인 공부를 하면 공부할 때 지루하지 않을 뿐 아니라 '공부를 할 때마다 집중'하는 습관이 생기게 되어서 좋아."

"집중 시간을 늘리는 방법은 없을까요? 저는 집중하는 사간이 10분도 안 될 것 같거든요."

"집중 시간을 늘리는 것은 집중 공부가 충분히 익숙해진 후여야 해. 그렇지 않으면 적당히 집중하는 척만 하는 상태로 시간만 늘어나는 공부가 되거든. 공부하는 동안 시간 가는 줄 모르고 몰입할 수 있을 정도로 집중 시간이 길게 느껴지지 않게 되면 그때 조금씩 시도해봐."

집중 시간 늘이기는 좋아하는 과목이나 자신 있는 과목을 공부할 때 하는 것이 좋다. 컨디션이 좋아서 공부가 잘되는 날에 평소보다 집중 공부 시간을 2~3분 추가해보자.

"겨우 2~3분이요?"

"'겨우'가 아니야. 몇 분 안 되지만 직접 해보면 집중 시간이 길어졌다는 걸 느낀다니까. 매일 500미터를 뛰던 사람이 어느 날 700미터를 뛴다고 생각해봐. 늘어난 만큼 뛸 때는 더 힘들다고 느끼지 않겠어? 집중도 마찬가지야. 집중력에 힘 력(力) 자가 들어가잖아. 달리기를 할 때 근육의 힘이 필요한 것처럼 공부할 때도 집중하는 힘이 필요한 거야. 꾸준한 연습을 통해서 조금씩 늘려야 하는 거라고."

평소 집중 공부 시간이 10분이라면 처음에는 10분, 그 다음에는 12분, 그 다음에는 다시 10분, 이렇게 이어나가야 부담이 없다. 억지로 늘어난 시간을 채우고 있다는 느낌이 든다면 무리하지 말고 평소대로 공부해야 한다. 15분, 18분, 20분까지는 집중 시간이 매우 더디게 늘어나지만 20분 이후에는 5분이나 10분씩 늘려도 거뜬하다. 개인차가 있지만 중2 말까지 20분 집중 토막 공부를 능숙하게 하는 정도면 훌륭하다.

04. 10분 아침 공부

수능날이라고 학교에 가지 않는 정연이가 상담실을 찾았다.

"너네 학교에서도 시험을 보니?"

"네."

"학교 안 가서 좋겠네?"

"좋기는 한데요, 기분이 좀 이상했어요."

"뭐가?"

"고사장 만든다고 책상 줄 맞췄거든요. 서랍에 있는 것도 다 빼고요. 교실 앞뒤에 안내문 같은 것도 붙이고 그랬어요."

"수능이 실감 났겠구나?"

"네. 완전 뉴스에서 보던 고사장이랑 똑같이 했어요. 저는 청소 당번이라서 더 늦게 갔거든요. 책상마다 이름표 붙이는 거 했는데 제가 다 떨렸다니까요. 제 책상에서 시험 보는 사람 대박 나라고 이름표에다 응원 메시지 써놓고 왔어요."

"멋진데?"

"응원이 멋지면 뭐해요. 시험을 잘 봐야죠."

"아이고, 엄마들이 하는 잔소리 같다."

"진짜 엄마 심정이에요. 언젠가는 저도 수능 시험장에 들어갈 것 아니에요."

"열심히 하는 수밖에 없지 뭐."

"더 열심히 하려면 어떻게 해야 할까요? 지금 하고 있는 것도 겨우 하고 있거든요. 공부를 더 늘리면 금방 밀릴 거예요."

학생들은 공부를 열심히 하는 방법으로 공부 분량을 늘리는 것만 생각한다. 공부하는 교재를 늘리고 더 많은 문제를 풀면 열심히 하는 걸까? 공부의 질을 높이고 학습 의욕을 살리는 방법도 고민해야 한다. 공부 분량을 늘리고 싶다면 먼저 공부할 시간을 확보하자. 현재 하고 있는 공부에 지장을 주지 않으면서 알찬 공부를 할 수 있는 시간이어야 한다.

"공부를 더 많이 하려면 공부 시간을 늘려야지."

"시간을 어떻게 늘려요?"

"시간은 돈과 같아. 쪼개고 모으면 남들보다 더 풍족하게 쓸 수 있어. 하루 일과를 샅샅이 뒤져보면 분명히 더 쓸 수 있는 시간이 나올 거야."

"그럴까요? 저 하루 일과 뻔한 거 아시잖아요. 수업 끝나면 방과 후 수업 있고 집에 와서 간식 먹고 어쩌고 하면 금방 학원

갈 시간이에요. 학원 갔다 오면 저녁 먹고. TV 좀 보면 하루가 다 간다니까요. 예·복습 하는 날은 진짜 여유로운 날이고요. 숙제만 겨우 하고 자도 열한 시, 열두 시예요."

학생들의 일상은 거의 비슷하다. 그래서 공부를 열심히 하려는 아이들일수록 자투리 시간도 그냥 보내지 않으려 한다. 쉬는 시간에도 단어장을 들여다보고 식사 시간에도 책을 놓지 않는다. 하지만 대부분의 학생들이 당연한 듯 지나치는 시간이 있다. 바로 아침 시간이다.

"한두 시간 단위로 크게 생각하면 그렇지. 10분 단위로 작은 시간을 생각해봐. 정연이도 하루 일과를 생각할 때 공부 시간을 학교 수업 끝나고 오후, 저녁 시간으로만 한정하고 있잖아. 등교 전 아침 시간도 있는데."

"그 시간은 아무것도 못하잖아요. 일어나서 씻고 밥 먹고 나오기도 바쁜데요."

"에이, 아닐 걸? 아침에 몇 시에 일어나?

"지각 안 하려면 일곱 시에는 일어나야 돼요."

"꼼지락거리다가 일곱 시 이십 분쯤 일어날 것 같은데?"

"어! 어떻게 아셨어요?"

"안 봐도 알지. 그럼 알람 맞춰놓은 시간은?"

"알람은 여섯 시 반에 울려요."

"거 봐. 정연이가 무시하는 시간들이 있잖아. 공부를 더 많이 하고 싶다면 그 시간을 챙겨야 해. 특히 등교 전 아침 시간은 하루를 이끌어갈 힘을 만드는 시간이거든."

약속이나 한 듯 학생들의 기상 시간은 알람 시간과 20~30분 차이가 난다. 학교생활에 익숙해지다 보니 후다닥 뛰어나갈 최후의 시간이 언제인지 알게 되고 그 시간이 꽉 찰 때까지 자는 것이다. 하지만 쫓기는 자는 여유를 가질 수 없다. 내일부터는 알람 시간에 일어나자. 그 시간만 아침 공부에 투자해도 남들보다 열심히 하는 공부가 가능하다.

"짧은 시간이라고 우습게 봐서는 안 돼. 아침에 잠깐이라도 집중하고 공부한 사람은 등굣길이 다르거든. 뿌듯하고 자신감이 넘쳐. 함께 등교하는 친구들을 보면서 '난 너희들과 달라. 이미 공부를 한 건 했거든' 하는 마음이 드는 거야. 그 자부심이 하루 종일 나를 지배하는 거고. 공부는 공부를 부르는 법이거든. 빨리 학교에 가서 다음 공부를 하고 싶은 마음이 들지. 잠이 덜 깨서 등교하거나 자리에 앉자마자 다시 엎드려 자는 아이들과는 이미 다른 세계에 살고 있는 거야."

"맞아요. 그래서 우리 아빠도 일부러 회사에 일찍 가시거든요."

"너도 해봐. 딱 10분만 집중해도 충분해."

"과연 집중이 될까요? 바로 졸릴 것 같은데요."

"집중이 될 만한 공부를 해야지. 또 10분 안에 끝낼 수 있을 만한 공부여야 돼. 그래야 성취감이 있으니까."

아침에 깊이 생각해야 하는 문제를 풀거나 조용히 책을 읽는 공부는 곤란하다. 아침 공부는 쓰기나 말하기를 함께 하는 게 좋다. 단어 공부를 한다면 단어를 발음하면서 써보고, 예습을 한다면 해당 내용을 소리 내어 읽어보자. 수학 공부를 한다면 새로운 문제를 풀기보다 전날 풀었던 문제 중 헷갈렸던 것을 복습하는 것이 좋다. 풀이 과정을 설명해보면 금상첨화다.

"아침에 어떤 공부를 하면 좋을 것 같아?"

"단어 복습이 좋을 것 같아요. '해야지, 해야지' 하면서 미루는 날이 많았거든요."

"딱 좋네. 단어 공부는 아침에 하기 좋아."

아침에 20분 먼저 일어나더라도 20분 동안 공부를 할 필요는 없다. 공부 시간은 10분으로 하고 10분은 여유 있는 아침 시간으로 쓰자. 뛰어갈 길을 걸어가고 허겁지겁 먹던 밥을 차분히 충분히 먹는 것이다. 공부 시간은 10분이지만 이미 공부를 했다는 뿌듯함과 여유 있는 아침 시간이 주는 안정감은 대단한 시너지 효과를 낸다. 긍정적인 마음과 뭐든 할 수 있을 것 같은 자신감, 이 힘이 그날의 공부를 이끌어간다.

"아침에 하는 10분 공부는 특별해. 학교에서 보내는 쉬는 시간 10분과 저녁 자습 시간 중 10분보다 훨씬 의미가 크거든."

"정말 그럴 것 같아요. 그런데 제가 잘할 수 있을까요? 아침에 일어나는 게 만만치 않잖아요."

"처음 며칠은 힘들 거야. 온몸이 이불 속에서 꼼지락거리는 재미에 익숙해져 있을 테니까."

새로운 습관을 만들거나 기존의 습관을 바꾸기 위해서는 뇌에 새로운 회로가 생겨야 한다. 그러려면 평균 21일 정도가 소요되고, 회로가 형성된 후에도 습관적으로 자동화된 행동이 가능하려면 약 두세 달이 걸린다. 그러니 3주 정도는 알람 시간에 맞추어 일어나려는 노력을 의식적으로 해야 하고 그 후에도 2~3개월은 신경을 써야 한다.

📚 아침 공부 습관 만들기

- 3주까지는 매일 기상 시간을 적으면서 의식적인 실천을 하자.
- 첫 주가 가장 힘든데 그중에서도 3일째가 고비다. 도대체 이걸 왜 해야 하는지 부정적인 생각이 들기도 한다. 자연스럽고 당연한 반응이니 그냥 넘어가도록 하자. 잠이 덜 깨서 단어 공부가 잘 안되는 날도 있지만 그래도 괜찮다. 꾸준히 실천하는 게 더 중요하다.
- 첫 주를 성공적으로 보냈다면 스스로에게 작은 선물을 주자. 주말 낮잠을 늘어지게 자든지 부모님께 말씀드려서 가족 외식을 하는 것도 좋다.
- 2주가 지나면 살짝 지루함이 느껴진다. 그만큼 익숙해졌다는 것이다. 그래도 긴장이 흐트러지지 않도록 주의하자.
- 2주가 지나면 일어나서 공부한다는 행위보다 집중의 질을 높이는데 힘써야 한다.
- 처음 3주가 지난 후에도 3개월 정도는 단어 복습 여부를 체

크하는 것이 좋다.

"와, 대단한 프로젝트인데요?"

"돈 주고도 못 사는 10분을 버는 일이잖아. 아침에 10분 집중하는 습관을 만들어봐. 지금은 공부하는 데 쓰지만 나중에는 책도 읽고 일정 관리도 하게 될 거야. 분명 그 10분이 인생의 성공에 큰 역할을 하게 될 거야. 장담해.

"우와, 그 말 들으니까 힘이 나는데요. 당장 내일 아침부터 실천할래요!"

21일 아침 공부 체크 양식

	실천 날짜	기상 시간	학습 내용	실천 Tip
1				
2				3일째가 가장 힘들어요
3				
4				
5				첫 주 성공하면 즐거운 선물을 주세요
6				
7				
8				
9				
10				
11				2주를 무사히 넘겼다면 반은 성공! 집중의 질을 높이도록 노력하세요
12				
13				
14				
15				
16				
17				이제 뇌에 '아침 공부' 라는 습관 회로가 만들어졌습니다. 자동화된 행동이 가능하려면 앞으로 2~3개월이 더 필요해요
18				
19				
20				
21				

05. 쉬는 시간 활용법

　쉬는 시간을 의식적으로 쓰는 경우는 드물다. 학생들에게 쉬는 시간에 무얼 하며 보내는지 써보라고 하면 재미있다. 반 이상은 뭘 했는지 까먹어 빈칸이 그대로이고, 적은 것들도 화장실 가기, 교실 이동, 체육복 갈아입기, 교과서 빌려오기 등이 고작이다. 이런 것들은 5분도 채 걸리지 않으니 대부분의 시간은 잠이나 수다, 게임, 매점 가기 등 시간 때우기로 지나가는 셈이다.

　1년 동안 방학을 제외하면 약 8.5개월 동안 학교를 다니게 된다. 하루에 쉬는 시간이 적어도 다섯 번, 한 달에 20일만 등교를 한다고 계산해보면 10(분)×5(회)×20(일)×8.5(개월)=8,500(분)이다. 시간으로 환산해보면 141시간이 넘는다! 그중에 반을 다른 일에 쓴다고 해도 70시간이 남는다. 원래 쉬라고 주어진 시간이기는 하지만 야무지게 활용한다면 모든 휴식을 대신할 만큼의 성취감을 맛볼 수 있을 것이다.

사례 1

성빈이는 쉬는 시간에 영어 단어를 외운다. 방학 동안에는 매일 단어 외우기를 했었는데 개학 후에는 좀처럼 틈이 나지 않자 쉬는 시간을 택한 것이다. '10분 동안 적어도 하나는 외우겠지'라는 생각으로 큰 기대 없이 시작했지만 요즘은 방학 동안 외웠던 것과 같은 분량을 매일 그대로 채우고 있다.

2주 정도 실천하면서 요령도 생겼는데, 등교 후 아침 자습 시간을 포함해 오전 중 쉬는 시간에 외운 단어들은 점심시간에 다시 한 번 복습한다. 집에 돌아가서는 오후에 외운 단어들을 복습하고 잠들기 전에 그날 외운 단어를 다시 한 번 본다. 무엇보다 단어 외울 시간을 따로 내지 않아도 되어 대만족이다.

📚 꾸준히 실천할 수 있는 공부 소재를 정한다

쉬는 시간은 짧은 시간이 토막으로 주어지기 때문에 새로운 개념을 이해하거나 오랜 시간 생각해야 하는 공부는 부적절하다. 언제라도 덮었다가 펼치면 바로 집중할 수 있는 공부가 좋은데, 예를 들면 문제풀이나 영어 단어 외우기, 직전 수업의 복습, 독서 등이 적당하다.

복습은 수업에 대한 망각이 진행되기 이전에 이루어진다는 점에서 대단히 효과적이므로 적극 권한다. 수업 시간에 집중했다면 1~2분 정도 훑어보는 것으로 충분하고, 남은 시간은 독서나 문제 풀이 등 다른 공부를 하면 된다. 문제 풀이는 복습한 과목의 문제집을 골라도 좋고, 쉬는 시간에만 푸는 문제집을 따로 정해두어도 좋다.

'쉬는 시간 전용 공부'를 정할 때는 수학 서술형이나 영문법 등 평소 공부의 필요성은 느끼지만 시간을 내지 못했던 것으로 정해보자. '한 문제만 풀자', '한 문장만 외우자'라고 부담 없이 시작하면 된다.

사례 2

주연이의 쉬는 시간 활용은 많은 잠 때문에 시작됐다. 학교 다녀오면 쉬고 싶은 마음에 잠시 낮잠을 자는데 매일 두 시간이 넘는 낮잠 시간이 아까웠던 것이다. 낮잠을 자지 않으면 피곤하고 한 시간으로 줄였더니 졸음이 멈추지 않았다.

주연이는 낮잠을 줄이는 대신 쉬어도 되는 시간에 공부를 하기로 했다. 매일 6~7교시 수업이 있으니 10분씩 쉬는 시간만 해도 한 시간이 넘는다. 모든 쉬는 시간에 공부를 하면 낮잠을 한 시간 허용하기로 스스로와 약속을 했다.

시험해본 결과 학교에서 쉴 틈 없이 공부를 했으니 집에 돌아와 낮잠을 잘 때도 마음의 부담이 덜했다. 매시간 복습은 물론 숙제와 문제풀이까지 모두 쉬는 시간을 활용했다. 쉬는 시간 공부를 하면서 수업 집중도도 높아졌다.

📚 한 문제, 단어 하나, 한 줄이라도 공부한다

쉬는 시간 활용에 실패하는 학생들의 공통점은 '그 시간에 뭘 얼마나 하겠느냐'는 태도다. 하지만 단 한 문제, 단어 하나라도 공부할 수 있다면 책을 펴야 한다.

수업이 끝나면 책을 덮지 말고 그대로 훑어보는 1분 복습을 하고, 이어서 쉬는 시간 공부를 하면 된다. 쉬는 시간에 볼 책은 항상 책상 밑에 넣어두고, 보던 페이지에 펜을 끼워둬서 지체 없이 바로 펼칠 수 있도록 하자.

남은 쉬는 시간이 1~2분밖에 되지 않더라도 상관없다. 잠깐이라도 집중하면 서너 문제는 풀 수 있고 집중의 효과는 다음 수업 시간에도 이어지기 때문이다. 자다 일어나 수업을 듣는 학생과 공부를 하다 수업을 듣는 학생은 사고의 속도가 다를 수밖에 없다. 언제 어느 때라도 집중하도록 연습이 된 두뇌를 가진 학습자는 모든 면에서 유리하다.

📚 아침 자습 시간, 점심시간을 함께 활용한다

학교생활 중에는 쉬는 시간 외에도 자투리 시간이 많다. 매일 규칙적인 시간만 해도 아침 등교 후 1교시 전의 시간과 점심시 간이 꽤 길다. 그 시간들을 활용하면 쉬는 시간의 공부는 훨씬 탄력이 붙는다. 아침 자습 시간과 1~3교시까지의 쉬는 시간을 묶고, 점심시간과 5~7교시까지의 쉬는 시간을 묶어 다른 공부를 하면 오전과 오후의 기분도 달라지고 지루함도 덜하게 된다. 사례 1의 성빈이처럼 점심시간을 오전 공부의 복습 시간으로 활용할 수도 있다.

📚 60퍼센트만 실천해도 성공이다

학생들은 쉬는 시간 공부를 하고 싶어 하면서도 실천으로 옮기는 것을 꺼린다. 친구들의 시선 때문이다. 특히 사교적인 성격의 학생들은 곤란함이 크다. 처음 몇 번 고비만 넘기면 비교적 실천이 수월해지니 좌절하지 말자. 굳은 다짐으로 쉬는 시간 공부를 시작하더라도 현실에는 의지와 무관한 변수들이 도사리고 있다. 몸이 아프거나 기분이 우울한 날은 실천 확률이 떨어지기 마련이다. 체육이나 실험, 실습, 이동 수업이 있을 때도 실천하기가 어렵다.

혹여 대부분의 쉬는 시간을 활용할 수 있다고 해도 옷 갈아입기, 화장실 다녀오기 등 필수적인 몇 가지의 행동을 하고 나면 10분의 쉬는 시간 중 충분히 확보할 수 있는 시간은 5~7분 정도다. 따라서 쉬는 시간의 100퍼센트를 모두 욕심내는 것은 현실적으로 무리다.

모든 쉬는 시간 중 60퍼센트를 실천할 수 있다고 가정하고 내가 쓸 수 있는 쉬는 시간을 계산해보자. 5주 동안 공부하기로 해

서 총 1,250분이 예상되더라도 나의 실천 목표는 그것의 60퍼센
트인 750분이다. 그것으로도 충분하다.

📚 쉬는 시간을 활용한 결과를 예측해본다

일정 기간이 지난 후 나는 얼마만큼의 성과를 낼 수 있는지
구체적으로 예측해보자. 영어 단어를 몇 개나 외울 수 있는지,
독서를 몇 페이지(권) 할 수 있는지, 수학 문제를 얼마나 풀 수
있는지 미리 적어두자. 이 구체적인 예상치가 나의 실천 동기를
불러일으킬 것이다.

쉬는 시간은 매번 정확하게 돌아오는 자투리 시간이다. 한 달
이면 얼마나 공부를 할 수 있을까? 갖고 있는 문제집이 조금 두
꺼운가? 그렇다면 2~3개월을 단위로 계획을 세워보자. 오늘부
터는 쉬는 시간도 나의 꿈에 가까이 가는 데에 동원된다.

쉬는 시간 활용 계획의 예

무엇을 어떻게 공부하지?		학습 기간	확보되는 쉬는 시간	실천 가능한 쉬는 시간	이 시간을 활용하면 어떤 효과가 나타날까?
교재	학습 방법				
영어 교과서	모르는 단어 쉬는 시간마다 하나씩 외우기	4/29 ~ 5/31	1250분 (약 20시간) 1일 5회×1주 5일×5주	750분 (확보되는 쉬는 시간의 60%)	300개 이상 의 단어를 외 울 수 있다

📚 쉬는 시간은 평소보다 학습 효율이 높다

쉬는 시간 공부를 실천해 본 학생들은 생각보다 많은 분량의 공부를 할 수 있다는 것에 놀란다. 가장 큰 장애물은 '그 시간에 뭐 얼마나 하겠어?' 같은 부정적인 태도다. 일단 책을 펼치고 공부를 시작하면 쉬는 시간이 끝나는 종이 울리고 선생님이 들어오시는 사이, 선생님이 들어오신 후에 수업이 시작되는 사이의 공백까지 공부로 채워진다.

우리 뇌는 아주 조용한 상태보다 약간 산만한 상태에서 집중을 잘한다. 지나치게 조용한 시험장이나 독서실에서는 주변을 둘러보게 되고 잡념이 생기지만 전철이나 커피숍에서는 오히려 책이 잘 읽히는 것도 이 때문이다. 주변의 정보를 차단하고 사고를 이어가려는 무의식적인 작용 때문이다.

끝나는 시간이 정해져 있다는 것 또한 집중의 요인이 된다. 집에서 공부하는 것처럼 늘어질 시간도 없고, 무조건 많이 해야 한다는 부담도 없다. 시험 직전 벼락치기의 위력처럼 끝날 시간을 정해두고 공부하는 것은 놀라운 속도와 정확도를 보장한다.

집에서는 긴 시간이 주어져도 공부가 잘되지 않는다. 매일 열 시간 이상 보내야 하는 학교에서의 시간을 야무지게 다 쓰고 오는 것이 현명하지 않을까? 돈과 시간은 쪼갤수록 많아지는 법이다. 당장 오늘부터 쉬는 시간 공부를 시작해보자. 그 동안 의미 없이 흘려보냈던 쉬는 시간이 새삼 아까워지게 될 것이다.

내 입의 말들이 나를 어떻게 이끌고 있는지 생각해보자. 욕은 실패를 불러들이는 주문과도 같다. 성공을 꿈꾼다면 칭찬과 감사의 말을 자주 하자. 그 말대로 마음이 움직이고 긍정적인 사고를 하게 될 것이다. 이것이 자기 영향력의 선순환이며 스스로를 이끄는 지혜다.

5장

바른 마음에서
바른 공부가 나온다

01. 수업 시간도
내 인생의 한 조각

진영이를 만나기로 한 날이었다. 다니던 학원을 모두 끊고 스스로 공부하겠다고 다짐을 한 학생이었다. 시간에 맞추어 자리에 앉아있는데 그 아이가 좀 늦을 것 같다는 메시지를 보내왔다. 덕분에 20~30분쯤 독서를 했을까? 급하게 문이 열리며 헐떡이는 소리가 들렸다.

"갑자기 방과 후 수업을 하게 돼서요. 헥헥! 죄송해요. 헥헥!"

"방과 후 수업이 갑자기 생기기도 하니?"

"아, 그게요, 우리 반이 공부를 진짜 못해요."

"그래서 보충수업 한 거야?"

"그런 건 아니고요, 맨날 꼴찌 해서요. 꼴찌 하는 이유가요, 수업 태도가 진짜 안 좋아요. 수업 듣는 애 아무도 없고요, 선생님 계시는데도 큰 소리로 떠들고 막 선생님이 뭐라 해도 들리지도 않아요. 그래서 선생님들도 수업하는 걸 완전 포기했어요."

"근데 왜 방과 후 수업을 해?"

"다른 선생님들은 다 포기했는데요, 영어 선생님은 되게 고집이 세요. 그래서 수업 안 들을 거면 본문 다섯 번씩 쓰라고 그러는 거예요. 당연히 애들은 아무도 안 쓰죠. 애들이 버티니까 선생님이 반 전체 다 남아서 본문 다섯 번 쓸 때까지 집에 못 간다고 해서 우리 반만 8교시 했어요."

진영이는 헐떡이며 긴 설명을 마쳤다.

"수업 시간에 그렇게 시끄러우면 옆 반에 방해되지 않니?"

"가끔 옆 반 선생님이 와서 뭐라 하기도 해요. 저는 우리 반이 꼴찌라서 우리 반만 수업 태도가 나쁜 줄 알았거든요. 근데 다른 반은 더 장난 아니에요. 저번에 심부름 하느라고 교무실에 뭐 가지러 가다가 보니까요, 완전 난리예요. 선생님이 막 분필 집어던져요. 그래도 우리 반에서는 뭐 던진 적은 없었는데."

초5, 중2, 고2는 가장 공부 안 하는 학년이다. 당연히 수업 태도도 안 좋고 성적도 많이 떨어진다. 특히 진영이가 사는 지역은 교육열이 높고 그만큼 사교육도 번성한 곳이라 학원 공부로 진을 뺀 아이들이 학교 수업을 우습게 여기는 모양이었다.

인생의 황금같은 시간을 그렇게 하찮게 날려버리다니. 안타까운 일이다. 그 아이들도 크면 분명히 후회할 것이다. 그 시간도 결국은 내 인생의 한 조각이기 때문이다.

📚 수업 시간도 내 시간이다

공부하기 싫다는 생각보다 더 심각한 것은 수업 시간이 내 시간이라는 인식이 없다는 것이다. 학교에서 보내는 시간 중 가장 많은 비중을 차지하는 것은 수업 시간이다. 45분 수업에 쉬는 시간이 10분이니 80퍼센트가 넘는다.

또한 수업은 학교에 가는 목적이기도 하다. 그러니 수업 시간을 온전히 보내지 못한다면 매일 반복되는 학교생활을 무의미하게 날려버리는 셈이다.

무엇보다 중요한 것은 수업 시간도 내 인생의 한 부분이라는 것이다. 공부를 열심히 한다는 생각보다 내 삶을 열심히 산다는 태도로 수업 시간을 보내야 한다. 수업에 집중하는 것은 곧 내 인생에 집중하는 것이다.

📚 매시간 수업을 준비하자

수업 시간에 성공하기 위해서는 준비가 필요하다. 친구들과 재잘거리고 교실을 옮기느라 부산스러웠던 나를 수업에 집중하도록 만드는 준비다. 수업 준비는 수업 종이 울린 후 선생님이 오시기 전 1~2분 동안 이루어진다.

먼저 입가에 슬며시 미소를 만들자. 한 시간을 잘 보내기 위한 긍정 태도 장전을 위해서다. 미소 띤 얼굴은 긍정적인 사고를 불러일으킨다. 긍정적인 사고는 부정적인 사고보다 훨씬 두뇌를 활동적으로 만들기 때문에 학습력에 영향을 준다. 실제로 미소 띤 얼굴로 수업을 들은 학생들의 성적이 상대적으로 올랐다는 연구도 있다.

다음에는 교과서와 프린트, 노트, 필기구를 챙겨야 한다. 수업 중에 없어진 유인물을 찾느라 정신이 팔리거나 고장 난 샤프와 씨름을 해서는 곤란하니까. 수업 교재는 배울 부분을 펴 두자. 책장을 넘기면서 지난 시간에 배운 부분과 오늘 배우게 될 부분의 소제목들을 훑어보면 수업 내용을 짐작해볼 수 있다. 이렇게 꼼지락거리다 보면 선생님이 들어오신다. '나를 위해' 선생님이 수업을 하러 오시는 것이다.

이 수업 준비는 매시간 필요하다. 쉬는 시간을 꽉 채워 놀다가 선생님과 동시에 교실에 들어온 친구들은 이 준비 과정을 거칠 수 없다. 겨우 책을 꺼내고 급하게 몇 쪽인지만 보고 책을 펴고 있으니 무슨 집중이 되겠는가? 준비되지 않은 수업은 선생님의 근무시간을 채우는 방청객이 될 뿐이다.

📚 능동적으로 집중하자

수업 시간은 내 시간이므로 걸리지 않을 정도로 존다든지, 겨우 버틴다든지, 잡념을 방치한다든지 하는 행동은 어울리지 않는다. 선생님이 시키는 대로만 하겠다는 수동적인 태도는 접어두자. '혼나지만 말자'는 위축된 태도도 버려야 한다. 수업에 집중하며 끊임없이 선생님의 생각과 내 생각을 연결해야 한다. 생각과 마음을 모두 열고 수업에 참여하는 학생들은 한 교실에 많아야 두세 명뿐이다. 얼굴에서 빛이 나는 학생들이다. 당연 선생님의 눈에 들 수밖에 없다. 선생님께 아무런 아부를 하지 않더라도 그 교실을 다녀간 선생님들은 모두 그 학생을 기억한다.

📖 수업의 완벽한 마무리 1분 복습

즐거운 마음으로 수업을 준비하고 생각을 열어 수업에 집중했다면 복습으로 단단히 마무리를 하자. 인간의 뇌는 새로운 것을 익힌 후 20분 후부터 망각이 시작되기 때문에 그 전에 반복을 해주어야 한다.

수업 후 쉬는 시간에는 수업의 시작부터 끝까지 전체의 흐름을 떠올리며 책과 노트, 프린트를 살펴보자. 수업 순서를 그대로 다시 반복하는 것이다. 금방 수업한 내용들이라 눈도장만 찍어도 모두 기억이 난다. 45분 수업을 45초 동안 빨리 돌리기 하는 셈이다. 수업 후 1분 복습은 망각이 진행되기 전에 한다는 점에서 집에 가서 하는 것보다 효과적이고 복습 시간을 따로 내지 않아도 되니 좋다.

자, 이렇게 수업에 대한 태도만 바꾸어도 실력에 차이가 생긴다. 그동안 지나치게 선생님 탓, 반 분위기 탓을 하며 수업 시간을 대충 때웠던 건 아닌지 되돌아보자. 선생님이 나를 기억한다는 것보다 더 중요한 것은 수업 시간 성공이라는 성취감이 나를 지배한다는 것이다. 1교시를 성공하면 2교시도 성공하고 싶어진다. 수업 종이 치면 잽싸게 미소로 책을 준비하며 수업을 기대하자. 선생님과 눈을 마주치며 수업을 했으니 어찌 선생님 욕할 마음이 생길 수 있겠는가? 열심히 하고자 노력하는 사람에게는 모든 좋은 것이 행운처럼 따라붙게 마련이다.

 Q&A **정말 지루한 수업 어떻게 하나요?**

Q. 정말 수업 잘 듣고 싶은데요, 과학 선생님이 설명하시는 게 진짜 지루해요. 과학 시간에는 어떻게 해야 하나요?

A. 잘 수밖에 없는 수업이 있기는 합니다. 하지만 수업 시간은 내 시간이니 어떻게든 내가 책임을 져야죠. 공부는 원래 스스로 하는 것입니다. 선생님이 무언가를 해주길 기대하지 마세요.
그런 과목일수록 예습을 충분히 해야 합니다. 교과서를 미리 읽고 아예 문제까지 풀어보세요. 수업을 복습 수단으로 활용하는 겁니다. 완벽하게 공부를 하고 수업을 들으면 지루한 설명 중에서도 선생님의 의도를 파악할 수 있습니다.

02. 욕설 금지

학부모 연수가 있어 한 중학교에 갔던 때의 일이다. 볼일도 보고 거울도 볼 겸 화장실에 들어갔는데 학생들이 요란하게 떠들며 청소를 하고 있었다. 수업이 모두 끝난 후라 화장실에는 나와 청소 당번들뿐이었다. 아이들은 나를 힐끗 보더니 학교 선생님이 아님을 확인하고는 요란한 수다를 이어나갔다.

"아, 이 추접스러운 년들. 쓰레기 아무데나 던져놓은 거 좀 봐."

"더러운 새끼들. 야, 이거 민선이가 똥 싼 것 아니야? 하하하."

"야, 이 년아. 재수 없어."

"너 수행평가 그거 언제 갈 거야?"

"인터뷰가 뭔가? 개 짜증나. 꼭 그지 같은 숙제만 내요. 토요일 날 가지 뭐. 그냥 대충 했다고 하고 사진만 찍어서 낼래."

"3반에 전학 온 애 어디서 왔대?"

"몰라. 어디 시골 같은 데서 온 것 같던데. 공부 개 잘한대."

나는 일부러 볼일도 천천히 보고 옷을 매만지고 코도 풀며 아이들의 수다를 좀 더 감상했다. 대화의 반은 욕이고, 욕으로 이어지는 대화의 내용 또한 무언가(혹은 누군가)에 대한 욕이었다.

겉으로는 단정하고 평범해 보이는 아이들은 불평불만이라는 마음의 습관과 욕이라는 언어 습관을 세트로 구사하면서도 자신들이 지금 어떤 수렁에 빠져있는지 모르고 있었다. 나는 코 푼 휴지를 들고 아이들에게 가까이 갔다.

"이 휴지는 어디다 버려야 되니?"

"어? 네? 여기요."

아이들은 갑자기 공손해지며 쓰레기를 모아둔 비닐봉지를 벌려주었다. '개 짜증나' 하는 불평이 진심이었다면 나에게도 불량한 태도를 보였을 텐데, 그래도 어른을 대할 때 최소한의 긴장을 할 줄 아는 학생들인 걸 보니 그렇게 개념이 없는 아이들은 아닌 것 같아 안심이 되었다.

어디 화장실 청소를 하던 아이들뿐일까? 대부분의 청소년들이 그저 재미와 습관을 따라 욕을 하며 이 욕은 친구들과 함께 있을 때 더 심해진다.

📚 욕은 마음의 감옥을 만든다

욕은 듣는 사람을 불편하게 하고 말하는 사람도 우울하게 만든다. 마음뿐 아니라 행동도 거칠어진다. 긴 세월 교직 생활을 하신 한 선생님은 "뒤에서 선생님 욕을 하는 학생들은 선생님을 봐도 인사를 하지 않는다"고 말씀하신다. 그냥 쳐다보기만 하고 지나치거나 못 본 척해버린다는 것이다.

없는 이야기까지 만들어내며 선생님 욕을 진탕 했는데 어찌 밝은 얼굴로 인사가 나올 수 있을까? 같이 욕해놓고 아무렇지 않은 척 신나게 인사를 하는 친구가 있다면 오히려 그 친구가 응징의 대상이 된다. 입으로 나온 욕은 마음까지 먹칠을 하며 어둠을 확장한다. 내 입의 말로 마음의 감옥을 만드는 셈이다.

📚 부정적인 말은 뇌에 박힌다

사람은 본능적으로 부정적인 단어를 더 잘 기억한다고 한다. 서울대 학생들에게 욕을 포함한 몇 가지 단어를 들려주고 기억나는 것들을 모두 적어보라고 했더니 다른 단어보다 욕을 기억하는 확률이 훨씬 높았다. 말에 포함된 공격성과 위기감이 각인되기 때문이다.

특히 청소년기는 감정 중추가 활발하기 때문에 부정적인 말을 더욱 강렬하게 받아들인다. 강한 자극이니 기억에 더 오래 남을 수밖에 없다. 긍정적인 말을 하려고 일부러 노력하지 않는다면 자연스럽게 부정적인 언어와 감정에 휩싸이게 된다. 친구들 입에서 흘러나온 말이 내 생각과 혀에 그대로 옮겨붙지 않도록 주의하자.

당연히 내 입에서 욕이 나오지도 말아야 한다. 친구들에게 부정적인 자극을 주는 것은 친구에게 쓰레기를 던지는 것만큼이나 무서운 일이다. 장난 삼아 하는 말이니 괜찮다고? 웃으며 던지는 쓰레기라 해서 깨끗한 건 아니다. 기왕 던질 거 부드럽고 향기로운 선물을 던져주자.

📚 욕을 많이 하는 아이는 성적이 낮다

단지 바른 인격을 위해 욕을 하지 말라는 것은 아니다. 실제로 욕은 행동과 언어 능력, 성적까지도 지배한다. 부정적인 단어로 문장 만들기를 하던 학생들은 복도에서 다른 친구와 부딪혔을 때 사과를 하지 않거나 짜증을 냈다. 반면 긍정적인 단어로 문장을 만들었던 학생들은 먼저 사과를 했다.

욕을 많이 하는 학생들은 어휘력이 부족했고 욕을 많이 하는 학생들끼리 조를 짜서 과제를 해결하게 했더니 쉽게 포기하고 시간도 많이 걸리며 결국 과제는 해결하지 못했다. 수시로 반복되는 '에이', '몰라', '안 할래' 같은 부정적인 말이 태도를 지배하고 있는 것이다.

욕을 많이 하는 학생들은 그렇지 않은 학생들보다 성적도 낮다. 욕하면서도 얼마든지 공부는 할 수 있을 텐데 왜 그럴까? 욕은 생각을 거치지 않고 자극에 바로 반응하는 말이기 때문이다. 사고 체계가 단순해지는 것이다. 상황에 적당한 단어를 생각하기도 싫으니 욕으로 대충 말해버리고 그것이 반복되어 언어 능력이 떨어진다.

모든 공부는 언어를 거쳐 습득하게 되어 있으니 언어력이 떨어지면 공부를 잘할 수 없다. 간단히 말하자면 내 입에서 욕이 한번 나올 때마다 그만큼 머리가 나빠진다고 생각하면 된다. 공부하기 싫거든 말이라도 예쁘게 하자.

같은 학교, 같은 반, 같은 선생님, 같은 교과서, 같은 옷, 모두 비슷한 상황이지만 저마다의 우주에서 사용되는 언어와 생각은 다르다. 청소 당번들의 말대로라면 그 학생들은 매일 추접스러운 친구들이 우글거리는 학교에서 거지 같은 숙제만 내주는 선생님들과 공부를 하고 있는 것이다.

내 입의 말들이 나를 어떻게 이끌고 있는지 생각해보자. 욕은 실패를 불러들이는 주문과도 같다. 성공을 꿈꾼다면 칭찬과 감사의 말을 자주 하자. 그 말대로 마음이 움직이고 긍정적인 사고를 하게 될 것이다. 이것이 자기 영향력의 선순환이며 스스로를 이끄는 지혜다.

Q&A | 욕이 입에 붙었어요

Q. 나도 모르게 '시발'이 입에 붙었어요. 엄마한테 한 소리 들었는데 집에서는 조심하지만 학교에 가면 툭툭 튀어나와요.

A. '시발'이 말로만 끝나면 좋을 텐데 그것이 늘 짜증과 무기력을 동반한다는 것이 문제입니다. '시발' 대신 '아싸'를 입에 붙이면 어떨까요? 짧은 단어 한마디로 긍정적인 사람이 될 수 있습니다.

   선생님이 숙제를 많이 내주면 "아싸! TV 볼 시간 없겠다" 하면서 농담하듯 넘어가세요. 그러면 친구들도 실실 웃겠죠. 그것만으로도 여러분은 친구들과 나 자신에게 큰 봉사를 한 겁니다.

03. 특별한 보람을
배우는 조별 과제

실기 시험, 보고서 제출, 조별 과제 등 수행평가가 몰리는 때
가 있다. 점수 산정 기간이 정해져 있다 보니 과목별 수행평가
가 꼬리를 물고 붙어있는 것이다. 공지는 한참 전에 하지만 발
등에 불이 떨어져야 시동이 걸리는지라 이 '수행 시즌'에 아이들
은 대부분 제정신이 아니다. 채린이도 여러 개의 수행평가 준비
를 하느라 지쳐있었다.

"아, 애들 완전 짜증나요. 사흘밖에 안 남았는데 진짜 아무것
도 안 해놨어요."

"뭘?"

"수행평가요. 조별로 발표해야 되거든요."

"네가 할 건 했고?"

"저는 발표 맡았거든요. 어떤 애는 자료 찾고, 어떤 애는 파워포인트 만들기로 했는데……. 발표하는 것도 연습해야 하니까 지금쯤은 대충이라도 발표 내용이 완성돼야 해요. 아, 근데!"

"친구들도 수행평가 하느라 정신이 없겠지."

"꼭 이러다 발표 못하면 저만 욕먹는다니까요."

📖 조별 과제가 손해라고?

언젠가 장학금을 놓치지 않는 대학생들의 인터뷰 자료를 본 적이 있다. 저마다 자기만의 성적 관리 노하우를 갖고 있었다. 모두 노력으로 얻어진 지혜들이다.

한참 주의를 기울여 읽고 있는데 고개를 젓게 만드는 학생이 있었다. 성적 관리를 위해 조별 과제가 있는 수업은 피한다는 것이다. 물어보니 다른 친구들 때문에 자신의 점수가 깎일 수도 있고, 혼자 하면 금방 할 것을 함께 모여 하느라 시간 낭비가 많기 때문이란다.

이 안타까운 우등생은 '전체를 위해 열심히 노력하면 결국 나의 이익이 되어 돌아온다'는 오묘한 진리를 한 번도 경험하지 못한 듯하다. 그런건 관심 없다고 할지도 모르겠다. 나만 열심히 해서 내 성적만 잘 받으면 그만이라는 생각 때문일 것이다.

채린이도 마찬가지다. 이런 개인주의가 청소년들을 점점 속 좁게 만든다. 친구들끼리 모여 놀기만 할 뿐 무언가 생산적인 노력을 할 줄 모르는 것이다.

📚 조별 과제는 함께 사는 연습

　다양한 사람들이 섞여 사는 세상에서 학교에서의 조별 활동은 다른 사람과 함께 노력하는 과정을 연습하는 것이다. 나와 생각이 다르고 문제 해결의 방법과 속도가 다른 친구들과 함께 무언가를 한다는 것은 만만한 일이 아니기 때문이다. 조별 활동을 통해 내 마음대로 할 수 없는 공동의 일을 이루어나가는 방법을 배울 수 있다.

　함께 노력하려면 구성원들이 각자의 힘을 쏟아낼 수 있도록 격려하고 이끄는 사람이 필요하다. 조장이 정해져 있기는 하지만 누구든 상관없이 리더의 역할을 하면 된다. 좋은 리더를 만난 조는 편하고 즐겁게 과제를 마칠 수 있을 테고 그렇지 않은 조는 서로 떠넘기다가 모두 낮은 점수를 받을 수밖에 없다. 아무것도 해놓지 않은 조원들 때문에 불만이라면 내가 조금 더 수고를 하면 어떨까?

📚 내가 조금 더 수고하자

　"친구들도 다 조 발표 때문에 걱정하고 있을 거야. 파워포인트 만드는 애는 자료 조사가 안 끝나서 못 만든다고 불만이겠지. 자료 조사하는 애는 모두 모여서 목차를 정해야 자료를 찾을 수 있다고 불만일 거야."

"맞아요."

"친구들에게 연락해서 각자 할 일을 좀 정리해줘. 우선 자료 조사 맡은 애들한테는 지금까지 조사한 내용을 조원 모두에게 보내라고 해. 파워포인트 만들 친구에게는 대략의 디자인과 틀을 정해서 표지라도 만들어놓으라고 하고."

"그런다고 할까요?"

"그럼 하지. 지금까지는 다 자기 숙제하느라 바쁘고 조 숙제는 조절해 주는 사람이 없으니까 그냥 밀려 있었던 거야. 누군가 나서서 하면 다들 좋아할걸? 그리고 자료를 정리해서 어떻게 발표할지 내용 구성하는 거는 네가 해."

"네? 그걸 왜 제가 해요? 다 같이 해야죠."

"다 같이? 언제? 네 말대로 시간이 없잖아. 입만 가지고 발표할 생각이었어? 어차피 발표할 사람은 너니까, 네가 내용을 구성해야 전달도 자연스러울 거야. 발표 순서대로 내용을 정리해 주면 파워포인트 만드는 친구도 빨리 끝낼 수 있잖아."

"아…… 진짜……."

📚 조금 더한 수고는 나에게 돌아온다

모두 같은 점수를 받는데, 나만 수고를 더 해야 한다는 것은 억울하게 느껴질 수도 있다. 그러나 조금만 더 길게 보면 결국 나에게 이익이다. 열심히 자료를 살피며 내용을 짜고 발표 연습을 하다 보면 결국 그 부분의 지식은 조원들 중 내가 제일 많이 얻을 수 있게 된다.

이 진리는 어른들의 세상에서도 마찬가지다. 모두 똑같은 월급을 받는데 어떤 사람은 빨리 출근하고 늦게 퇴근한다. 당장은 미련해 보이지만 결국은 그 사람이 가장 빨리 승진하며 연봉왕이 되기도 한다.

"기업 임원들의 출근 시간은 다른 직원들보다 한 시간 정도 빠르다고 해. 사장이 되었으니 일찍 출근하는 것일까? 일찍 출근하다보니 사장이 된 것일까?"

"음, 일찍 출근하다보니 사장이 된 거겠죠."

"맞아. 왜 이렇게 일찍 출근하냐고 물어보면 신입 사원 때부터 그랬다는 거야. 부지런히, 성실히 일하는 태도가 결국 높은 자리를 만들어준 거지."

📚 나의 수고가 모두를 이롭게 한다

다른 애들이 열심히 하지 않는다고 해서 나도 가만히 있으면 누구 손해일까? 내가 노력해서 다른 친구들도 좋은 점수를 받는다면 나도 남도 모두 좋은 일이다. 다른 애들은 공짜로 점수를 얻으니 배 아프다고? 그래서 나도 안할 거라고? 그렇게 유치해질 필요는 없다. 결국 내 점수도 떨어지니까.

큰마음을 품어보자. 나의 수고로 같은 조원들은 물론 내 발표를 듣는 반 친구들 모두에게 좋은 내용을 전달할 수 있으니 얼마나 멋진 일인가? 내 노력으로 다른 사람들이 이로움을 누린다는 것은 사람이 실천할 수 있는 최고의 가치다. 내가 베푼 이로움의 범위가 곧 나의 영향력이기도 하다. 나의 덕을 본 모든 친구들은 나를 함부로 대하거나 무시하지 못할 것이다.

"다른 조 애들도 아무것도 안 해놓기는 마찬가지 아니겠어? 지금 네가 조금만 부지런해지면 조 발표 수행평가에서 만점 받을 수 있어. 다른 애들 욕하면서 기다리는 것보다 바쁘게 집중하면서 남은 시간 보내는 게 더 보람 있지 않겠어?"

"휴. 그건 그래요."

채린이의 마음을 다독여놓고는 발표 주제를 가지고 대략의 내용을 구성했다. 채린이는 당장 스마트폰으로 친구들과 제목 및 목차를 공유했다.

"누가 언제까지 뭘 해야 하는지 순서대로 정해서 알려주도록 해. 자기가 해야 할 몫이 중요하다는 것을 알면 친구들도 더는 미룰 수 없을 거야. 그동안 넌 너대로 발표 준비를 해야지. 발표가 어떻게 준비되고 있는지 중간 중간 친구들과 내용을 공유하는 것도 중요해. 발표 자료가 완성되어갈수록 친구들의 관심도 더욱 커질 거야"

"네, 그럴게요."

며칠 후 도착한 문자메시지.

'선생님! 발표 대박이었어요. 내용도 우리 조가 제일 좋고요,

파워포인트도 반 아이들에게 제일 반응이 좋았어요. 선생님한
테 우리 조만 칭찬받았어요.'

📚 노력한 사람만 누리는 성장

다른 친구들도 조별 과제가 부담스러웠을 것이다. '다들 누군
가 하겠지'라고 미루다가 발표하는 사람 말발로 대충 넘어갔을
터, 누군가 조금만 시간을 내고 노력하면 될 일을 말이다.

뺀질거리는 친구들이 원망스러운 이유는 내 안에 조별 과제
를 잘하고 싶은 마음이 있기 때문이다. 미운 친구들과 발표를
잘하고자 하는 마음은 동전의 양면인 셈이다. 잘하고 싶은 면만
확대해서 보면 된다. 채린이는 늦은 밤까지 자료를 정리하고 내
용을 구성하며 무언가 이루어져가는 보람을 느끼지 않았을까?
공동체 안에서 신뢰와 실력을 인정받는 경험은 평생 잊을 수 없
는 자부심이기도 하다. 이 행복감은 남들이 안 하는 노력을 하
는 사람만 누릴 수 있는 특권이다.

조별 과제가 있다면 나의 성장을 위해 최선을 다하자. 나에게
이로운 것은 물론, 다른 친구들에게 본이 될 것이고 나는 점점
탁월한 리더가 되어갈 것이다.

04. 완벽한 숙제 = 성공하는 습관

미국의 자기 계발 전문가로 명성이 높은 브라이언 트레이시는 저서 《백만불짜리 습관》에서 "당신이 생각하고 느끼고 행동하고 성취하는 모든 것의 95퍼센트는 습관의 결과다"라고 했다. 사람들은 어린 시절부터 거의 모든 상황에서 자동적으로 반응하는 일련의 조건반사를 발전시키는데, 성공하는 사람은 '성공하는 습관'을 가지고 있고 실패하는 사람은 '실패하는 습관'을 가지고 있다는 것이다.

성공한 사람, 즉 마음과 몸이 모두 행복하고 건강한 사람은 딱 맞는 때에, 딱 맞는 방법으로, 딱 맞는 일을 쉽고도 자동적으로 하는 사람이라 한다. 그 결과 아직 그런 습관을 배우지도 행하지도 못하는 사람보다 10배, 20배의 성공을 거두는 것이다.

그렇다면 우리는 매일 학교를 가고, 공부를 하고, 숙제를 하며 각자 '성공의 습관'이나 '실패의 습관'을 쌓아가고 있다는 이야기가 된다. 별 생각 없이 해치우는 숙제 속에도 그 동안 형성된 자기관리의 습관이 숨어 있다. '어떻게 하면 쉽고 빨리 끝낼 수 있을까?'에만 관심을 두었다면 어떤 성공 습관도 만들지 못했을 것이다. 삶의 습관이 형성되기 시작하는 청소년기에 중요한 것은 성공의 튼튼한 밑거름일 터, 가장 중요한 밑거름은 긍정적인 태도와 성실함이다.

재인이는 숙제든 청소든 자신에게 주어진 일은 미련스러워 보일 만큼 열심히 한다. 적당히 꾀부리며 넘어가도 될 것 같은 순간에도 재인이는 "어떻게 그래요" 하며 모범 답안 같은 행동만 한다. 특별히 머리가 좋은 것 같지는 않은데도 재인이는 반에서 다섯 손가락 안에 꼭 든다. 그 이유는 재인이의 성실한 태도 때문이다.

하루는 재인이가 영어 숙제를 하며 한숨을 쉬었다. 문제는 숙제 시간이 너무 많이 걸린다는 것이었다.

"얼마나 걸리는데?"

"한 번에 다 못하고 조금씩 나눠서 하거든요. 저번에 한 번 영어 숙제만 한 적 있었는데 네 시간 걸렸어요."

"숙제가 그렇게 많아?"

네 시간이라니! 학원을 다녀올 때마다 그만큼 숙제를 해야 한다니 대단한 분량이다. 다른 과목 숙제들도 있을 테니 물리적으로 시간을 쪼개는 것만 생각해도 불가능할 것 같았다. 깜짝 놀라 재인이의 영어 교재를 넘겨봤다.

"숙제가 그렇게 많지는 않은데요. 제가 하는 데 시간이 많이 걸리는 것 같아요. 모르는 단어 찾고 하다 보면…… 다른 애들은 30분 만에 한다고도 하던데."

예상 밖으로 재인이의 영어 숙제는 간단했다. 다음 시간에 배울 단원을 읽고 책에 있는 문제들을 푼 다음 내용 요약을 하는 것이었다. 즉, 예습에 해당되는 공부였다. 해석을 꼼꼼히 할 필요도 없고, 문제들도 지문의 내용을 다시 묻는 정도여서 쉬웠다. 매번 그 숙제를 하며 요령이 생긴 아이라면 30분 만에 끝내는 것도 어렵지 않아 보였다.

"이 숙제가 왜 네 시간이나 걸려? 대충 내용 파악만 해도 할 수 있을 것 같은데?"

"그러니까요. 단어 찾는 데 시간이 많이 걸리는 것 같아요."

우선 재인이가 숙제하는 모습을 지켜보기로 했다. 모든 사람이 똑같은 방법으로 숙제를 하는 것은 아니니까. 재인이가 숙제하는 순서는 이랬다.

1. 본문을 훑어보며 모르는 단어에 밑줄을 긋는다. (5분)
2. 단어를 하나씩 찾아 뜻을 찾고 기록한다. (10분)
3. 지문을 다시 읽으며 내용 파악을 한다. (20분)
4. 문제를 푼다. (5분)
5. 노트에 요약한 내용을 적는다. (10분)

이렇게 한 장을 읽는데 한 시간 가까운 시간이 흘러간다. 한 단원이 세 장으로 구성되어 있으니 네 시간이 걸릴 만도 하다. 재인이는 행동이 차분하다. 밑줄 하나를 그을 때도 늘 쓰는 보라색 팬으로 단정하게 그었고, 글씨를 쓸 때도 함부로 날려 쓰지 않았다. 문장을 요약해 적을 때는 비록 한두 문장이라도 영어로 적어야 하기 때문에 시간이 걸렸다. 재인이는 지웠다 썼다를 반복하며 생각과 문장을 다듬었다.

"단어 찾아오는 건 숙제가 아니잖아? 그것만 빼도 20분은 절약되겠는데?"

"그렇긴 한데요. 단어를 모르면 읽어도 무슨 말인지 모르잖아요. 그래서 다 찾아야 돼요."

"그럼 단어를 찾으면서 읽으면 되잖아. 밑줄 긋고 단어 쓰는 건 하지 말고."

"안 써놓으면 까먹어요. 나중에 요약정리도 해야 되고, 수업 시간에도 보게 되니까 써 놓는 게 편해요. 그리고 선생님이 수업 중에 갑자기 단어 뜻 물어본단 말이에요."

📚 스스로 정한 기준으로 숙제하자

재인이의 숙제에는 스스로 정한 기준과 순서가 있었다. 30분은 적당히 숙제를 마칠 수 있는 시간이지만 재인이는 자신의 방법에 따라 3시간 30분을 더 공부했던 것이다. 시간이 없어 30분

만에 후루룩 숙제를 한 날이면 재인이의 마음은 찜찜했을 것이다. 스스로 정한 기준과 맞지 않으니까.

숙제 시간을 조금 줄여주고자 했던 나는 생각을 바꿨다. 지금 재인이의 '느린' 방법이 훨씬 훌륭하기 때문이다. 모르는 단어가 있다 해도 내용 요약을 할 수 있을 정도만 찾으면 그만일 텐데 재인이는 숙제와 상관없이 스스로 모른다고 판단되는 모든 단어를 찾으며 공부한다. 같은 교재로 같은 숙제를 하면서도 재인이는 다른 친구들보다 훨씬 많은 공부를 하고 있는 셈이다.

예습을 충실히 했으니 같은 수업을 들으면서도 이해의 질이 높을 것이다. 이 선순환이 모든 숙제에 적용되고 있으니 재인이의 실력은 늘 상위권일 수밖에 없다.

이렇게 노력하면서도 재인이는 다른 친구들은 자신보다 공부를 잘해서 30분 안에 뚝딱 숙제를 한다고 풀이 죽었다.

"재인아, 걱정하지 마. 숙제 시간이 많이 걸리는 건 그만큼 네가 공부를 많이 하고 있기 때문이야. 할 수만 있다면 늘 하던 방법대로 숙제하는 게 좋겠어. 그렇게 해야 마음도 편할 거야. 네가 모르는 단어들은 다른 애들도 모르는 거야. 전문용어들도 많고. 다른 애들 30분 만에 한다고 기죽을 것 하나도 없어.

숙제를 빨리 하는 친구들은 아마도 단어를 유추해서 문장을 읽는 것 같은데 속도는 낼 수 있겠지만 너처럼 단어 공부를 정확하게 하지는 못하잖아. 지금은 느린 공부 같지만 그만큼 실력이 단단해지는 거야. 자신감을 가지렴."

📚 저마다 노력의 방법은 다르다

재인이의 느린 공부가 좋은 방법이라거나 모든 학생들이 따라해야 할 방법은 아니다. 재인이를 그렇게 격려한 이유는 두 가지, 느린 공부가 재인이에게는 적합한 방법이기 때문이다. 또 재인이를 믿었기 때문이다. 그저 느리기만 했다면 주어진 공부를 다 해내지 못했을 것이다.

하지만 재인이는 느린 대신 철저하게 공부했고, 다른 친구들은 그냥 흘려보내고 마는 자투리 시간도 알뜰하게 챙겨 쓰며 자신의 느린 공부를 보완하고 있었다. 빨리 공부하는 방법을 익히는 대신 시간 관리 방법을 익힌 것이다. 저마다 성공으로 향하는 방법은 다르기 마련이다.

남들이 아무리 우리를 속도와 경쟁으로 판단한다 해도 나는 나 자신을 지켜야 한다. 나에게 필요한 공부, 나에게 이로운 방법이라면 느리고 피곤해도 그렇게 하자. 그것이 성공하는 연습이기 때문이다.

📚 양심을 지키는 공부가 완벽한 공부이다

저마다 노력의 방법은 다르지만 누구나 지켜야 할 것은 양심의 기준이다. 어떤 학생들은 공부할 때도 양심이 필요하냐고 물을지도 모르겠다. 당연히 필요하다. 숙제를 빨리 해치우기 위해 적당히 앞뒤만 읽고 요약문을 썼는지, 읽는 속도가 빨라 숙제를 빨리 마쳤는지는 자신만 안다. 양심을 지키는 공부는 완벽한 공부를 만든다.

매일 습관처럼 해치웠던 숙제를 돌이켜보자. 매번 어느 정도의 수준으로 성공을 연습했나? 비록 '남이 시킨 공부'이기는 하지만 그것을 대하는 태도에 따라 우리의 실력은 차원이 달라진다. 처음에는 해야 하니까 시작하지만 하다 보면 이 숙제를 어떻게 잘할 수 있을지 궁리하고, 더 좋은 방법을 생각하게 된다. 그러다 보면 숙제라는 사실도 까먹고 집중하는 것이다.

성공하는 사람들은 '남이 시킨 것'마저 '내가 시킨 것'으로 바꾸는 습관을 가진 사람들이다. 나에게 주어지는 모든 숙제를 감사한 마음으로 바라보자. 같은 숙제를 하면서도 남다른 실력을 갖출 수 있고, 그렇게 시간이 흐르면 나는 점점 더 훌륭한 사람이 되어 갈 것이다.

학원 가기 직전까지 쫓기며 숙제를 하는 것은 힘들 뿐 아니라 학습 효과로 연결되지도 않는다. '숙제 시간표'를 만들어보면 어떨까? 숙제만으로도 규칙적인 공부 습관을 만들 수 있다.

매번 학원 가는 요일이 정해져 있으니 숙제의 분량이나 시간도 비교적 일정할 것이다. 학원 수업은 보통 격일로 이루어지므로 숙제를 반으로 나누어 반은 학원 다녀온 날, 나머지 반은 다음날 하자. 그래야 여유롭게 숙제를 마칠 수 있다.

시	분	월	화	수	목	금	토	일
17	:00~:30	수학학원	암기복습	수학학원	암기복습	수학학원	학교공부밀린복습	
	:30~:00	수학학원		수학학원		수학학원	학교공부밀린복습	
18	:00~:30		영어과외		영어과외			
	:30~:00		영어과외		영어과외			
19	:00~:30							
	:30~:00							
20	:00~:30	수학숙제		수학숙제		수학숙제	수학숙제	
	:30~:00	수학숙제	영어숙제	수학숙제	영어숙제	수학숙제	수학숙제	
21	:00~:30		영어숙제		영어숙제			
	:30~:00						숙제 보충	
22	:00~:30		수학숙제	영어숙제	수학숙제	영어숙제	숙제 보충	
	:30~:00		수학숙제	영어숙제	수학숙제	영어숙제		
23	:00~:30	독서						
	:30~:00							

숙제 시간표의 예 : 월·수·금에 수학 학원을 가는 경우, 월요일에 학원을 다녀오면 수요일에 검사받을 숙제가 생긴다. 월요일에 학원 다녀온 후 절반의 숙제를, 다음날인 화요일에 나머지 반의 숙제를 하자. 수요일에는 가벼운 마음으로 학원에 갈 수 있다.

170

05. 책상 정리의 힘

책상의 정리 상태를 보면 그 학생의 생활 습관을 대략 파악할 수 있다. 포스트잇에 그날의 할 일을 적어 잘 보이는 곳에 붙여 두는 학생이 있는가 하면 언제 먹고 안 치웠는지 주스 컵에 털 북숭이 곰팡이가 피어 있는 경우도 있다. 만사가 귀찮아지는 중 2 때는 의식적으로 책상을 정리해야 한다. 매일 '곧 이사 갈 것 같은 책상'을 만들자. 하루 종일 공부를 하지 않아 정리할 것이 없다면 조금이라도 공부를 해서 정리할 거리를 만들어야 한다.

📚 지저분한 책상은 산만한 정신과 같다

멀쩡한 책상을 놔두고 식탁에서 공부를 하거나 TV 앞에 밥상을 펴고 숙제를 하는 학생들은 십중팔구 책상이 지저분하다. 책상 위에 연습장이며 책, 유인물 따위를 어질러놓고는 코앞에 꼭 필요한 공간만 벌려놓고 공부(대부분 숙제)하는 것이다. 그러다가 딴 공부를 하고 싶어지면 보던 책은 그대로 펼쳐두고는 식탁이나 밥상으로 옮겨간다.

이런 아이들의 머릿속은 책상만큼이나 복잡하다. 두 달 전에 읽기 시작한 책부터 내일 제출해야 하는 수행평가까지 다양한 과제들이 뒤엉켜 있으니까. 그리고 그 모든 것을 눈에 보이는 곳에 늘어놓는다. "할 거야", "볼 거야", "치울 거야" 같은 말만 남긴 채로 말이다. 이렇게 미루고 쌓는 생활이 반복된다.

책상은 그 사람의 일상을 대변한다. 매일 책상 정리가 되지 않는다면 매일 새 날을 살지 않는다는 의미다. 며칠째 같은 페이지가 펼쳐진 책이 놓여 있다는 것은 나의 생활도 공부도 정체되었다는 뜻이다.

책상 위가 더러운 사람일수록 비만 가능성이 높다는 연구 결과도 있다. 내 책상은 어떤가? 물 컵, 휴지, 지우개 가루 등이 3일 이상 같은 모습이라면 반성해야 한다.

책상이 지저분한 아이들은 "어차피 또 어질러질 거 치워서 뭐 해요?"라고 한다. 그렇게 생각하면 어차피 또 배고플 거 밥은 왜 먹으며 어차피 또 졸릴 거 잠은 왜 자는가? '어차피'의 논리는 게으름을 가리지 못한다.

책상 정리는 청소가 아니다. 순환이며 충전이다. 뇌를 열어 생각을 정리할 수 없으니 뇌의 대변자인 책상을 정리하는 것이

다. 수첩, 물 컵, 연습장…… 쌓인 물건들을 하나씩 집어들면 그
것에 대한 생각도 함께 상기되기 마련이다. 눈으로 보고 손으로
정리하는 과정을 통해 나의 뇌도 그것을 따라 선택과 집중의 기
준을 정할 수 있게 된다.

'읽어야지'라고 생각만 하고 책상 위에서 돌아다니는 책이 있
는가? 오랫동안 못 읽었고 앞으로도 비슷할 것이니 우선 책장에
꼽자. 정리되지 않은 책상에는 지난주에 수행평가하고는 그대로
올려둔 줄넘기도 있을 것이고, 점심 메뉴가 무엇일지 한참 들여
다봤던 지난 달 급식 식단표도 있을 것이다. 말끔히 정리하자.
책상에는 지금 당장 공부할 책만 덩그러니 놓여있어야 한다.

📚 지저분한 책상이 유용할 때도 있다

지저분한 책상에서 공부가 더 잘된다는 아이들도 있다. 주변
에 뭔가 늘어져있을 때 더욱 편하고 안정감이 느껴진다는 것이
다. 지저분한 책상에서 공부가 더 잘되는 이유는 두 가지인데,
하나는 어수선한 상황에서 우리 뇌가 보다 집중하는 경향을 띠
기 때문이다. 이것은 조용한 독서실보다 전철이나 자습실에서
공부가 잘되는 것과 같은 맥락이다. 그러니 아무것도 없는 책상
보다는 어수선한 책상에서 집중이 잘된다는 것도 맞는 말이다.

그렇다고 해서 일부러 지저분한 책상을 방치하는 게으름이
용서될 수는 없다. 지저분한 책상이 주는 상대적 집중력보다 귀

찮음, 미루는 습관 등 부작용이 더 크기 때문이다. 넓은 책상이 불안한 것이라면 책상 위에 책을 꼽거나 정리함을 두어 눈에 보이는 빈 면적을 줄이고 책상 위의 물건들이 제자리를 찾을 수 있도록 해야 한다. 한 번 꺼낸 물건을 제자리에 두지 않아 문제라면 아예 책상을 작은 것으로 바꾸는 것도 좋다. 그런 점에서 학교나 학원에서 쓰는 책상은 단순하고 유용하다. 이것저것 늘어놓을 수 없으니 펼친 책에만 집중할 수 있다.

지저분한 책상에서 공부가 더 잘되는 또 다른 이유는 창의적이고 발산적인 사고를 하는 동안에는 우리 뇌도 수렴(정리)하기보다 쏟아놓는 경향을 더 많이 보이기 때문이다. 사고의 흐름에 따라 이것저것을 찾아보고 여기저기에 적어놓고 뒤적이느라 우리 책상도 지저분해진다. 발명가나 과학자의 책상이 지저분한 경우가 많은 것도 같은 이유 때문일 것이다. 창의적이고 발산적인 사고의 대가인 아인슈타인의 책상도 온갖 책과 연습장 등으로 지저분했다고 한다.

📖 자유로운 책상에도 규칙이 필요하다

언젠가 제품 디자이너의 작업실을 들른 적이 있었다. 책상 주변은 온갖 설계도면과 샘플들, 컵라면, 조립 부품, 종이컵, 책들로 엉망이었다. 나는 숨도 못 쉴 만큼 답답했지만 그곳의 개발자들은 대단한 집중력으로 자신의 작업에 몰입하고 있었다. 몇 달

후 그곳에 다시 방문했을 때 작업실은 몰라보게 깔끔해져 있었다. 왜 이렇게 깨끗해졌냐고 묻자 개발 책임자의 대답이 멋졌다. 그 답 속에 책상 정리의 정답이 숨어있었다.

"제품 개발 프로젝트가 진행 중일 때는 지저분한 게 낫습니다. 짧으면 일주일, 길면 6개월 동안 모은 자료를 함께 보며 회의도 하니까 치우는 게 오히려 번거롭죠. 누가 뭘 어디에 뒀는지 서로 모르니까요. 여기저기서 샘플이나 부품이 택배로 오는데 주소나 연락처를 확인해야 하니까 상자째로 그냥 쌓아놔요.

하지만 한 프로젝트가 끝나면 완전하게 정리하죠. 계속 지저분한 상태로 두면 새로 시작된 일과 헷갈리거든요. 이전 제품의 기분이 그대로 남아서 새로운 아이디어가 나오지도 않습니다."

매일 지저분할 것 같던 디자이너의 책상에도 원칙이 있었던 것이다. 즉, 지저분함을 '활용'한 집중은 발산적 사고를 요하는 일시적인 기간, 함께 사고를 공유해야 하는 상황에서만 효과를 낸다는 것이다. 발표 보고서를 준비하거나 조별 과제를 하는 경우가 여기에 해당할 것이다. 하지만 우리가 하는 공부는 대부분 숙제와 예·복습 등 매일 그날의 공부를 완료해야 하는 것들이므로 책상 정리를 요하는 경우가 훨씬 많다.

📚 말끔한 책상은 새로운 학습 동기를 만들어준다

청소년들은 정리 좀 하라는 엄마의 잔소리를 귓등으로도 들

지 않는다. 너저분한 책상이 편하기도 하지만 잔소리에 대한 반
감 때문이기도 하다. 한술 더 떠서 엄마가 치워놓으면 어떤 물
건이 어디 있는지 찾을 수가 없으니 그냥 그대로 두라고 큰소리
를 치기도 한다. 그리고는 책 사이사이에서 유인물을 찾아내고
책상 구석에서 지우개를 찾아내며 사소한 희열을 느낀다.

그렇다고 엄마들이 가만히 있던가? 엄마들은 잔소리를 하면
서도 책상을 치운다. 학교에 다녀오면 말끔히 정리된 책상 위
에 먼지 하나 없이 물걸레질이 되어 있고 은은한 향기까지 난
다. 엄마 앞에서는 큰소리를 치며 지저분한 책상이 좋다던 청개
구리들도 말끔히 정돈된 책상 앞에 앉으면 기분이 새로워진다.
시원하게 정리된 책상 위에 공부거리를 펼칠 때의 단정한 기분
이란! 공부하는 자세까지 바르게 고쳐진다. 말끔한 책상이 주는
학습 동기는 이런 것이다.

내 손으로 했든 엄마의 수고를 빌렸든 깨끗한 책상의 효험을
느껴본 경험이 있을 것이다. 조금 더 자주 깨끗한 책상을 마주
하자. 특히 공부 과목이 바뀌거나 새로운 마음으로 공부를 시작
할 때는 책상부터 정리해야 한다.

📚 책상 정리는 나를 위한 배려

나를 이끄는 공부가 별건가? 하루 공부를 마치고 책상 정리
만 잘해놓아도 다음날 공부 시작이 편안하다. 오늘의 내가 내일

의 나를 배려하는 것이다. 귀찮고 바쁘다고 있는 대로 벌려놓는 것은 내일의 나에게 '네가 치워가며 하세요'라며 미루는 것과 같다. 내일의 나는 어떤 기분일까? 이것은 마치 공중화장실에서 급하고 바쁘니 내 볼일만 보고는 다음 사람에게 '네가 물 내려가며 볼일 보세요'라고 하는 것과 같다.

나에게 말끔한 책상을 선물하자. 지저분한 책상은 미숙한 자기 관리의 증거다.

📚 책상 정리는 성공의 연습

10년 간 정리 컨설팅을 해온 전문가의 말에 의하면, 일 잘하고 성과를 내는 사람들의 책상은 늘 잘 정리돼있다고 한다. 일할 때 그 일만 꺼내 놓고 끝나면 바로 정리를 한다는 것이다.

"일 잘하는 사람은 집중할 수 있는 최적의 환경을 만들고 주어진 일을 최소한의 시간에 끝냅니다. 그 법칙이 가장 잘 드러나는 곳이 바로 책상이죠. 노련한 상사들은 퇴근 후 직원들의 책상만 봐도 그 직원의 업무 성과를 가늠할 수 있습니다."

텍사스 대학교의 새뮤얼 고슬링 교수는 학생들의 방 83곳과 기업 사무실 94곳을 조사했다. 그 결과 지저분한 업무 공간을 가진 사람이 깨끗한 공간을 가진 사람에 비해 비효율적이고 비체계적이며 창의력이 떨어진다고 밝혔다. 단적인 예로 미국 오바마 대통령의 책상 위에는 업무용 전화기 한 대와 서류 몇 장만 있다고 한다.

이쯤 되면 지금의 책상 정리는 성공의 연습이라 해도 과언이 아니다. 당장 따라 하자. 공부할 땐 할 공부만 꺼내놓고 끝나면 바로 정리하는 것이다. 집중할 수 있는 최적의 환경을 만들고 해야 할 공부를 최소한의 시간에 끝내는 것은 매일의 공부를 유익하게 해주는 방법이기도 하다.

> **❗ 책상 정리 노하우**
>
> - 해야 할 공부, 과제에 '유효기간'을 정하자. 식품의 유통기한처럼 책상 위 공부거리에도 기한을 정해 날짜를 적어두는 것이다. 날짜가 지나면 완료되지 않았더라도 덮어서 책장에 꽂는다. '언젠가' 대신 '언제까지'를 생각하면 구체적인 목표가 된다.
> - 수납공간은 60퍼센트만 채우자. 지나치게 촘촘히 정리를 해두면 흐트러지기 쉽고 다시 정리하기도 어렵다. 책장이든 서랍이든 수납공간은 여백이 있어야 정리도 쉽다.
> - 1년 이상 한 번도 쓰지 않은 물건은 과감히 버리자. 6개월 이상 한 번도 사용하지 않았던 물건은 앞으로 6개월 동안도 사용하지 않을 가능성이 높다. 1년 이상 한 번도 쓰지 않은 물건이라면 과감히 버리자. 정리는 버리는 것부터 시작된다.
> - 시선이 자주 가는 오른쪽 방향은 깔끔하게 유지하자. 정리를 마친 책상이라 해도 연필꽂이나 공부하던 책, 수첩 등 최소한의 물건은 남게 마련이다. 항상 책상 위에 있어야 하는 물건들이라면 책상의 왼쪽으로 모으자. 시선이 자주 가는 오른쪽에 보이는 물건이 많으면 산만해지기 쉽기 때문이다.

방학, 슬럼프 극복의 기회

01. 목표 관리 노하우, 우선순위 정하기

방학은 아무 생각 없이 흘러가던 일상을 재정비할 수 있는 좋은 기회다. 중2병으로 허우적거리며 갈피를 잡지 못했었다면 방학을 노리자. 여름방학에 슬럼프의 허리를 끊을 수 있다면 좋겠지만 겨울방학으로 새 학년을 준비해도 좋다.

2학년 공부를 통째로 날려먹은 헌재도 새해를 시작하면서 마음을 다잡았다. 한 해가 시작되는 1월은 이런저런 다짐으로 마음이 바쁘다. 1년의 공부 계획은 물론 방학 중 공부도 챙겨야 하니 그럴 수밖에 없다. 학생들은 너무 많은 계획 속에서 허둥대거나 아무 계획도 세우지 않은 채 손에 잡히는 대로 공부를 한다. 어떻게 하면 야무진 목표 관리를 할 수 있을까?

"벌써 중3 티 내는 거야? 방학인데도 자습실 출근 도장을 찍고."

"3학년이라는 게 실감이 안 나요. 2학년 때까지는 그냥 놀아도 될 것 같았는데 이제는 진짜 고등학교 준비해야 되잖아요."

"다 그래. 나중에는 '내가 수능을 보다니' 하면서 수능 본다니까."

"정말 그럴 것 같아요."

"오늘은 아침부터 무슨 공부를 그렇게 열심히 한 거야?"

"수학 문제 풀었죠 뭐. 해야 할 건 많은데 막상 공부를 시작하면 매일 하던 것만 하게 돼요. 국어, 과학도 한 번씩 봐야 하고, 영어 단어도 외워야 될 텐데."

"그래. 새해가 시작되었으니 욕심도 많고 생각도 많을 거야. 공부든 무엇이든 해야 할 게 많을 때는 목록을 적어보는 것이 가장 좋아. 지금 한번 적어볼까?"

📚 떠오르는 대로 적어보자

누구나 하고 싶은 공부에 대한 욕심은 많겠지만 제대로 정리하지 않으면 머릿속에서 두서없이 엉킬 뿐이다. 이때 종이에 적는 습관이 큰 도움이 된다. 자신이 생각한 바를 종이에 적어내려가는 것은 그 행위만으로도 저절로 정리의 효과가 있다.

방학 동안 하고 싶은 공부, 끝내야 할 것, 오래 전부터 미뤄왔던 공부나 운동 등을 적어보자. 생각하기에는 대단히 많은 것 같았지만 정작 종이에 옮겨보면 큰 종이에 몇 가지 안 적힌다는 것을 알게 된다. 그것들을 확인해보는 것만으로도 괜한 불안을 덜어낼 수 있다.

영어 : 3학년 교과서 단어 외우기
수학 : 2학년 진도 복습
과학 : 2학년 진도 복습
국어 : 3학년 교과서 읽기
독서 : 추리소설(읽고는 싶으나 한 번 잡으면 공부를 할 수 없음)
자습실 : 매일 아침 일찍 오기
수영 : 월 · 수 · 금 저녁

"정말 써보니까 몇 개 안 되네요. 조금 전까지만 해도 되게 머리가 복잡했거든요."

"할 게 많을 것 같다는 불안감 때문이야. 불안감은 실천 항목을 구체화할수록 줄어들어. 지금 이렇게 간략하게만 적었는데도 훨씬 좋잖아. 더 구체적으로 매일 얼마나 실천할지 공부 시간, 페이지 수를 숫자로 정해보면 더 좋아. 불안감이 줄어드는 정도가 아니라 이미 그걸 실천한 것처럼 확신이 생기거든. 꼭 실천해야겠다는 마음도 커지고."

"음. 멋진데요? 이제 이것들을 어떻게 하죠? 지금까지 제대로 한 건 수학 문제집이랑 수영밖에 없어요. 나머지는 그냥 기분 나는 대로 할 때도 있고 안 할 때도 있었거든요."

"그래서 목표 관리가 필요한 거야. 기분에 따라 이랬다저랬다 해서야 어떻게 목표를 이룰 수 있겠니? 지금 예비 중3들은 다 똑같아. 너처럼 해야 할 것들이 두서없이 머릿속에 막 떠오를 거야. 그럴 때 좋은 방법이 하나 있지."

"뭔데요?"

"우선순위를 정하기."

"우선순위요?"

📚 우선순위를 정한다

미국 최대의 철강 회사인 베들레헴 철강의 회장 찰스 슈왑은 밀려드는 업무를 어떻게 하면 최소한의 시간에 많이 처리할 수 있을까를 고민하던 중 당시 유명한 컨설턴트였던 아이비 리에게 자문을 구했다고 한다. 아이비 리는 이렇게 말했다.

"침대 옆에 깨끗한 종이 한 장과 연필을 놓아두세요. 그리고 잠이 들기 전에 내일 해야 할 일들을 생각나는 대로 쭉 적는 겁니다. 더는 생각나지 않을 만큼 적은 다음에 목록들을 보면서 가장 중요한 것 여섯 가지만 선정하세요. 중요한 것과 덜 중요한 것을 선별하는 것은 회장님이 하셔야 합니다. 종이 한 장의 차이라도 더 중요한 것 여섯 개를 선정해서 가장 중요한 것부터 순서대로 배열하십시오."

"헌재도 우선순위를 정해봐. 수학이랑 수영은 꼭 필요하기도 하고 지금까지 잘해왔으니까 다행이다. 나머지 항목들의 우선순위를 생각해볼까? 영어, 독서, 국어, 과학, 자습실 중에서 가장 중요한 건 뭐야?"

"음…… 과학이요. 방학이 아니면 전체를 복습하는 건 어려울 것 같아요. 그 다음은 영어, 국어… 추리소설은 가장 마지막이네요. 아, 슬프다."

"자습실은?"

"자습실은 당연히 와야죠. 집에서는 아무것도 못 해요."

"그럼 자습실이 1번이네. 자습실에 와야 수학이든 과학이든 할 것 아니야."

"그런가요?"

"그냥 자습실이라고 하면 재미가 없으니까 한 가지 규칙을 정하자. '매일 자습실 1등으로 오기' 어때?"

"어? 괜찮은데요!"

"그럼 목록 앞에 우선순위 번호를 적어봐."

③ 영어 : 3학년 교과서 읽기 + 단어 외우기
*수학 : 2학년 문제집
② 과학 : 2학년 문제집
④ 국어 : 3학년 교과서 읽기
⑤ 독서 : 추리소설(읽고는 싶으나 한 번 잡으면 공부를 할 수 없음)
① 자습실 : 매일 아침 1등으로 오기
*수영 : 월·수·금 저녁

"이제 어떻게 해요? 이 순서대로 매일 공부를 하면 되나요?"

"우선순위대로 실천하는 데에도 한 가지 주의할 점이 있어."

"뭔데요?"

"1번이 끝나기 전에는 절대로 2번으로 넘어가지 않는 거야."

📚 완료하기 전에는 절대 다음으로 넘어가지 않는다

찰스 슈왑이 물었다.

"그 다음에는 어떻게 하면 되겠나?"

"네, 다음날 출근해서 1번 업무를 목표한 만큼 다 끝내기 전에는 2번 업무를 절대 시작하시면 안 됩니다. 하루 종일 1번이 덜 끝나면 2번은 손대지 말아야 합니다. 이것이 꼭 지키셔야 할 규칙입니다. 3번이나 4번 항목이 아무리 강렬하게 회장님을 유혹해도 절대 그 유혹에 넘어가시면 안 됩니다. 반드시 1번을 끝낸 후 2번으로 넘어가십시오. 반드시 하루에 다 끝마치지 않으셔도 됩니다."

"어? 그럼 하루 종일 수학만 하다 끝날 수도 있는 거네요?"

"그렇지."

"만만치 않은 규칙인데요. 전 그동안 수학 하기 싫으면 영어 했다가, 영어도 지겨우면 책 읽고 그랬거든요."

"그러니까 공부에 질서가 없었던 거야. 매일 과목별로 공부 분량을 정하고 그만큼을 다 하지 않으면 다음 단계로 절대 넘어가지 말아야 해. 지금은 하루 종일 수학만 하다 다른 공부는 전혀 못하는 게 아닐까 걱정이 되겠지만 직접 실천해보면 그렇지 않다는 걸 알게 될 거야. 그 부담이 오히려 공부를 빨리 끝내게 만들기도 하거든."

"그 철강 회사 회장님도 그렇게 했대요?"

"물론이지!"

찰스 슈왑은 미소 지으며 말했다.

"생각처럼 어렵지 않군 그래. 오늘부터 당장 실천해보겠네."

찰스 슈왑은 아이비 리의 조언대로 우선순위를 정해 하루 업무를 봤다. 결과는 놀라울 정도로 대만족이었다. 측정할 수 없을 정도로 생산성이 높아진 찰스 슈왑은 감사의 표시로 아이비 리에게 무려 20만 달러를 지급했다. 당시가 1920년대인 것을 감안하면 천문학적인 금액이 아닐 수 없다.

"우선순위 정하기는 내가 좋아하는 방법이기도 해. 정말 할 일이 많고 바쁠 때는 꼭 번호를 써놓고 아침에 눈뜨자마자 그대로 실천하거든. 그러면 거짓말처럼 그 많은 일들을 하고도 여유 시간이 남아."

"우와, 저도 그렇게 될까요?"

"그럼! 내일부터 이렇게 해봐. 자습실에 제일 먼저 와서 수학 문제집으로 시동을 거는 거야. 한 시간 정도 수학 공부를 하고

난 후에는 우선순위에 따라 과학 공부를 시작해. 국어 교과서 읽기는 매일 할 만큼 분량이 많지 않을 테니까 일주일에 한 번 정도만 해도 좋을 것 같은데? 매일 과학 공부도 쉴 겸 수요일쯤 과학 대신 국어를 하면 좋겠다. 이렇게 하다 보면 오전 공부는 끝나겠는데?"

"오후에는 영어를 하면 되겠네요."

"오후에도 마찬가지로 점심 먹고 한 시간 정도 수학 공부를 한 후에 영어 공부를 시작해. 자습실에서 몇 시까지 공부하니?"

"여섯 시쯤 집에 가요. 엄마가 저녁은 집에서 먹으라고 신신당부를 했거든요."

"영어 공부를 마치고 나면 여섯 시까지 남는 시간만큼 추리소설을 읽는 거야. 어때?"

"영어 공부를 미친 듯이 해야겠는데요?"

"거봐. 이게 우선순위의 힘이라니까. 오전 중에 수학이나 과학 공부가 끝나지 않으면 오후 공부는 시작되지 않는 거야. 그러니까 오후에 여유롭게 소설을 읽으려면 아침부터 부지런히 집중해야 해. 알겠지?"

"네! 알겠습니다!"

"추리소설은 휴식과도 같은 거니까 언제라도 자투리 시간이 생기면 읽을 수 있어. 예상보다 공부가 빨리 끝나는 날도 있을 거고 점심시간에도 얼마든지 책을 읽을 수 있으니까 너무 아쉬워할 필요 없어. 그럼 공부 순서를 표로 정리해볼까?"

우선순위에 따른 방학 계획표 예

월	화	수	목	금	주말
자습실 1등으로 오기					
오전 공부 시작: 수학 1시간					
과학		국어	과학		
점심시간					
오후 공부 시작: 수학 1시간					자유 시간
영어					
독서					
저녁 식사 후 자유 시간					

매일 지켜야 할 공부의 순서를 정해놓으면 시간을 적지 않아도 실천하는 데 어려움이 없다.

지금까지는 '중학교 공부 적응하느라고', '자유학기니까', '다음 학기부터' 하며 미뤄왔겠지만 예비 중3은 더는 미룰 시간이 없다. 컨디션이나 기분에 따라 공부가 달라져서도 안 된다. 오늘 마쳐야 할 공부 분량은 반드시 끝내도록 하자. 내가 정한 내 꿈, 내 목표를 달성하기 위해 무엇이 가장 중요한지 스스로 우선순위를 정하고 매일 그대로 실천하며 성취감을 느껴야 한다. 이 철저한 노력이 얼마나 큰 열매를 가져다주는지 직접 경험해보기를 바란다.

02. 집요하게,
때론 무식하게

방학이라 맘 잡고 밀린 공부를 하고 싶어도 생각처럼 쉽지가 않다. 평소에 조금이라도 했던 게 있다면 그 꼬투리를 잡고 공부를 이어갈 텐데 완전히 손을 놓고 놀아버린 후에는 막막하다 못해 민망해지기도 한다. 그럴 땐 공부 계획이니 우선순위니 다 때려치우고 무식하게 한 과목만 파는 것도 돌파구가 된다.

📚 하루 10시간 이상씩 책에 매달린다면

기하학 책을 읽는 한 대학생(당시 19세). 첫 장부터 도무지 알아먹기 힘든 내용의 연속이었다. 깨알 같은 설명에 숨이 턱 막히지만 그래도 포기하지 않았다. 첫 페이지를 세 번 연속 읽으니 어설프게나마 감이 잡히는 것 같았다. 세 번을 더 읽으니 그

제야 무슨 얘기를 하는지 조금 이해할 수 있었다. 하지만 페이지를 넘겨보니 다시 캄캄했다. 앞 장에서 읽은 내용까지 뒤섞여서 오락가락해진다.

그는 자신에게 화가 치밀더니 점점 오기가 생기기 시작했다. '어디 끝까지 가보자!' 하고 다시 첫 페이지부터 읽어나갔다. 열 번이고 스무 번이고 같은 내용을 정독했다. 그렇게 일고여덟 시간씩 책에 매달린 그는 결국 한 달 만에 두툼한 기하학 책을 독파할 수 있었다.

기하학 책을 독파하고 나니 자신이 붙었다. 다른 수학책을 손에 들고 같은 방법으로 읽었다. 책을 읽는 원칙은 간단하다. 막힐 때마다 처음부터 다시 읽고 내용을 완전히 이해할 때까지 무한 반복하는 것이다.

매일 10시간 이상 책을 손에 달고 살았다. 책에만 파묻혀 밥 먹는 것도 잊은 채 지내니 얼굴은 푸석푸석해지고 눈은 벌게졌다. 하지만 어려운 수학책을 한 권씩 정복해나가는 즐거움에 도무지 힘든 줄 몰랐다.

이렇게 1년이 지나자 그는 대학에서 지정해 준 수학 교재를 모조리 끝낼 수 있었다. 6개월이 더 지나니 수학과 교수들보다도 책을 더 많이 읽고 내용을 더 많이 아는 학생이 되어있었다.

이 정도면 대단한 노력파다. 유별스럽게 좋은 머리를 가진 것도 아니며 특별한 공부 전략을 사용하는 것도 아니고 요령을 피우지도 않는 학생이다. 그러한 노력이 지속되어 그는 훗날 반사

망원경을 제작하고 미적분을 창시하였으며 '만유인력의 법칙'을 확립한다. 그가 바로 근대 과학의 창시자 아이작 뉴턴이다.

지금 내가 하고 있는 공부를 떠올려보자. 한 페이지를 다섯 번 이상 읽고, 막힐 때마다 처음부터 다시 읽고, 하루에 열 시간 이상 책에 매달린다면 이해되지 못할 내용이 있을까? 내 성적은 어디까지 오를 수 있을까? 뉴턴과 같이 선생님을 뛰어넘는 실력을 갖는 것도 어렵지 않을 것이다.

📚 같은 문제를 100번 반복한다면

고등학교에 입학해 첫 모의고사를 볼 때까지만 해도 병우의 수학 실력은 앞부분 계산 문제를 네다섯 개 풀고 나면 나머지는 그냥 찍고 자는 수준이었다. 하지만 공부해야겠다는 마음을 굳게 먹고 틀린 문제를 하나씩 고쳐나갔다.

원칙은 단 하나, 답은 절대 보지 않고 스스로 모든 문제를 풀 수 있을 때까지 반복하는 것이다. 공식을 모르면 책을 찾아 공부하고 문제집을 뒤져 비슷한 문제들을 풀어보며 시험문제를 풀기 위한 지식들을 쌓았다. 한 문제를 풀기 위해 보름이 걸린 적도 있었다.

병우의 공부는 미련스러울 만큼 느리고 고된 과정이었다. 늘 비슷한 부분에서 막히고 어제 풀었던 문제인데도 생각이 나지 않아 스스로가 답답하고 짜증스러웠다. 자신에 대한 실망감 때문에 쇳덩어리 같은 머리를 얼마나 쥐어뜯었는지, 그럴 때마다 병우는 이렇게 생각했다.

'아무리 어려운 문제라도 100번 풀면 이해되겠지. 100번 풀어서 내 것이 된다면 얼마든지 그렇게 해주마.'

그렇게 몇 개월이 지나자 찍는 문제가 대부분이었던 모의고사에서 풀 수 있는 문제들이 조금씩 늘어났다. 그것이 신기해 풀고 또 풀었다. 고3이 된 병우는 이제 모의고사 수리영역에서 만점을 받는다.

📚 교과서를 모두 외워버린다면

큰 성공을 거두어 많은 사람의 존경을 받는 사람들 중에는 단순하고 무식한 노력으로 그 기반을 닦은 경우가 많다. 수단과 방법을 가리지 않고 어떻게든 해내려는 고집이 힘을 발휘하기 때문이다. 특히 청소년기는 자존심으로 먹고 사는 시기 아닌가? 지독한 노력은 경험이나 지혜보다 굽힐 수 없는 자존심에서 나오기도 한다.

헤럴드 홍정욱 회장도 그랬다. 중학교 시절 하버드 대학교에 가겠다는 원대한 꿈을 품고는 영영사전만 딸랑 들고(영한사전을 보면 영어가 늘지 않는다는 말을 들어서다) 미국으로 갔었다.

꿈은 컸지만 실력은 부실했다. 영어가 되지 않으니 수업을 알아들을 수도, 시험문제를 이해할 수도 없었다. 당연히 학점은 엉망일 수밖에 없었다. 하버드는커녕 고등학교도 못 들어갈 판이었던 것이다.

'한국에서 공부했다면 얼마나 좋았을까?'라고 외로움과 막막함에 돌아가고 싶은 마음이 생기기도 했으나 하버드에 가겠다고 큰소리치며 공항에서 우는 친구들을 돌아보지도 않고 떠나왔던 자존심이 허락하지 않았다.

아는 게 없으면 단순하고 지독해지기 마련이다. 내용을 이해할 수 없는 교과서는 모두 외워버렸다. 밥 먹는 시간이 아까워 통조림을 쌓아놓고 허겁지겁 먹으며 공부를 하고(통조림을 생으로 먹는다고 '야만인'이라는 경멸과 놀림을 받기도 했다), 뛰어 노는 체육 시간도 아까워 몸이 아프다고 빠지고는 벤치에 앉아 치열하게 단어를 외웠다.

기숙사에 불이 꺼지면 책을 들고 화장실로 갔다. 밤새 불을 켜두는 화장실에서 공부를 하기 위해서다. 화장실 변기에 앉아 새벽까지 공부를 하고 새벽 4시 화장실 청소 시간이 되면 변기에서 일어나 샤워실로 이동, 샤워를 하며 밤새 외운 것을 머릿속에 떠올려 반복했다.

이러한 노력이 쌓여 그는 명문 고등학교에 진학했고 운동부 주장과 학생회장을 맡으며 탁월한 고교 생활을 마친 후 마침내 꿈에 그리던 하버드에 들어갈 수 있었다.

이런 노력 앞에서는 절로 고개가 숙여진다. 우린 시험 때마다 영어 본문 몇 장 외우는 것도 제대로 못하지 않는가? 사실 노력이란 구차하고 비굴하다. 읽어도 읽어도 이해가 되지 않고, 풀어도 풀어도 또 틀릴 때 그 비참함은 겪어본 사람만 안다.

📚 단순 무식한 노력의 힘

뉴턴도 병우도 홍정욱도 책을 찢어버리고 싶은 순간을 수없이 견뎠을 것이다. 그래도 한다. 치열한 노력은 일생 중 젊은 시절을 뜨겁게 만들어준다. 느려도 괜찮고 미련해보여도 상관없다. 노력은 어떻게든 실력으로 형상화되는 법이니까.

천재라고 불리는 학자들도 그저 한 페이지씩 책을 읽어나갔을 뿐이다. 틀린 문제를 백 번이라도 풀고 교과서를 모두 외워버리는 그들의 집요함, 즉 과제에 대한 집착성은 영재의 3대 조건(평균 이상의 지능, 과제 집착성, 창의성) 중 하나다.

미국 국립 영재 연구소 소장인 조지프 렌줄리 교수는 최고의 지능을 지닌 학생들보다 더욱 창의적인 능력을 보여주는 학생들이 있다고 말한다. 최고의 성취를 보여주는 학생들의 특징은 바로 과제 집착성을 가졌다는 것이다.

천재라는 평을 듣는 사람들의 마음 깊숙한 곳에는 '백 번 읽으면 되겠지, 백 번 풀면 되겠지'와 같이 무모함에 가까운 자신감이 깔렸다. 지금 우리에게 절실한 것 또한 '무모한 자신감'이다. '한때는 그렇게까지 공부했었다'는 전설 같은 이야기 하나쯤은 가져야하지 않을까? 지금 시작하자. 수학이든 영어든 지금 책상에 놓인 그 책부터다.

 Q&A 　자신을 믿을 수 없습니다

Q. 걱정은 하면서도 공부는 하지 않습니다. '해야지, 해야지'
생각뿐이고요. 이번 방학 때는 독하게 공부해보고 싶은데
잘할 수 있을까요? 제 자신을 믿을 수 없습니다.

A. 집요한 노력의 근원은 내면에서 나옵니다. 노력하는 선배들
의 손에는 수학 문제나 영어 교과서가 들려있지만 진짜 싸
움의 대상은 자기 자신인 거죠. '시험이니까, 방학이니까' 같
은 외부의 압력으로는 실패가 거듭될 수밖에 없습니다.
노력의 방향을 바꿔보세요. 스스로를 경쟁 상대로 삼아 노
력하는 거죠. 자신을 사랑하고 기대하는 마음도 필요합니
다. 자신에게 이렇게 말해주세요.
'○○야, 넌 엄청난 잠재력을 가진 사람이야. 시험 때마다 방
학 때마다 부담이 얼마나 많았었니? 이제부터는 남들 신경
쓰지 말고 내 노력을 시작하자. 성실히 매 순간 진실하게 공
부하면 되는 거야. 자, 일어나. 할 수 있어.'
나를 소중히 다독일 줄 알아야 흔들리지 않습니다. 지켜지
지 않는 방학 계획표는 얼마나 좌절스러운가요? 볼 때마다
자신감이 줄어듭니다. 대단한 계획표 대신 작은 다짐으로
하루를 채워보세요. 매일 '어제의 나보다 조금만 나아진다'
를 목표로 삼으면 충분합니다.

03. 작심삼일에 기죽지 말자

선아는 1학기 기말고사에서 평균이 30점이나 올랐다.

"어떻게 30점이나 오를 수가 있어?"

"중간고사 점수가 얼마나 낮았으면 30점이나 올랐겠어요."

"그건 그렇네."

선아는 지난 중간고사 때 다 찍고 잤었다. 풀 수 있는 문제가 전혀 없지는 않았겠지만 그거 몇 개 푸는 거나 찍어서 맞추는 거나 점수는 비슷하기 때문이다. 그러던 선아가 공부를 한 건 남자 친구 때문이었다.

"공부를 너무 못하면 쪽팔리잖아요. 같이 놀다 보면 가끔 수업 시간에 들었던 이야기를 할 때가 있거든요. 여자 친구들끼리는 너 혼자 아는 척하냐고 막 장난하면서 넘어가거든요. 근데 남자 친구랑 있을 때는 무식한 게 다 티가 나는 거예요. 그래서 집에 와서 책 찾아보고 그랬어요."

함께 독서실을 가려면 공부하는 척이라도 해야 하고 그렇게 조금씩 공부를 하다 보니 남자 친구에게 모르는 것도 물어보며 함께 공부를 했단다. 한 번 성적이 껑충 오르고 나니 선아는 자신감이 부쩍 늘었다. 기말고사가 끝난 후에도 꾸준히 공부를 이어나갔고 방학 때도 그동안 놀았던 공부를 보충하겠노라 굳게 마음을 먹었다.

"부족한 부분 보충하라고 한 건 다 했어?"

"네. 기말고사 끝나고 바로 시작했어요. 뒤져보니까 과목별로 조금씩 할 것들이 다 있더라고요. 수학은 방학 때 할 거니까 그냥 두고 국어랑 과학 같은 것만 했어요."

"방학 공부는 어때?"

"하긴 하는데요, 학교 다닐 때랑 생활 리듬이 다르니까 뭔가 좀 이상해요. 언제 무슨 공부를 해야 할지도 모르겠고요. 수학을 많이 하려고 했는데 다른 공부도 해야 하니까 뭐 꼼지락거리다 보면 하루가 다 지나가요."

방학 공부는 단순해야 한다. 딱 한 가지라면 고민 없이 눈 뜨자마자 그 과목만 공부하면 될 텐데 두 가지만 되어도 '뭐부터 하지?'라는 생각에 이 책 저 책 뒤적이다 산만해지기 때문이다.

"방학 동안 무슨 공부 할 건데?"

"제일 중요한 건 수학 복습이고요. 국사도 해야 돼요. 수업 시간에 계속 잤거든요. 영어는 매일 해야 하니까 독해 문제집 풀 거예요. 줄이고 줄여서 딱 세 과목만 하는 건데 이게 만만치가 않아요. 영어 독해만 해도 그래요. 읽다 보면 모르는 단어가 나오잖아요. 그럼 그냥 넘어갈 수도 없고 다음날이 되면 전날에 외운 단어도 까먹은 것 같은데 또 모르는 단어가 생기니까 계속 쌓인다니까요."

"국사는 어떻게 하고 있어?"

"혼자서는 못 할 것 같아서 방학 동안 하는 학교 수업 신청했어요. 월·수·금 두 시간씩 해요."

"그럼 방학 동안 진도 다 나가는 거야?"

"네. 원래는 3학년들 수업으로 개설을 한 거거든요. 근데 다른 학년 중에 듣고 싶어 하는 학생들도 있어서 같이 들을 수 있게 해줬어요."

"괜찮네. 방학용으로는 딱이다."

"맞아요."

'수학은 어떤 문제집으로 하고 국사는 학교 수업 들어야지'라고 정했다고 해서 끝은 아니다. 정작 그 공부를 실천해보면 졸음과 잡념, 지루함 같은 것들 때문에 공부가 잘되고 있다는 느낌이 전혀 안 들기 때문이다.

"3학년을 대상으로 개설된 수업이라면 진도를 빨리 나갈 것 같은데? 방학 동안 한 과목을 다 끝내야 하니까."

"맞아요. 하루에 한 단원씩 막 나간다니까요. 문제도 몇 개만 풀고 넘어가고요. 그래도 지금은 앞부분이라서 배운 내용이 좀 나오니까 그나마 알아듣는 거죠. 뒤에 안 배운 거 할 때는 진짜 정신없을 것 같아요."

"그래. 국사는 예·복습이 필요하겠다."

"예·복습까지요? 그럼 수학은 언제 해요? 사실 수학 공부가 제일 중요한데 요즘은 한두 시간도 겨우 한단 말이에요."

"할 게 많다고 대충 지나갈 순 없잖아. 네가 혼란스러운 이유는 영어 단어나 빠른 국사 진도같이 예상치 못한 복병들을 만났기 때문이야. 그럼 거기에 맞춰서 계획을 수정해야지. 방학 초기에 이 작업을 해두지 않으면 방학 내내 안정감이 없어."

세상에 완벽한 계획은 없다. 공부 계획이 작심삼일로 끝나는 이유는 사흘 동안의 실전 경험을 반영해서 계획을 수정하지 않기 때문이다.

"수학, 국사, 영어라는 큰 뼈대는 잡았으니 눈에 보이는 계획표를 만들어보자. 국사는 예·복습 시간이 필요할 거고, 영어는 단어 복습할 시간이 추가돼야겠지?"

학생에게 최적의 공부 장소는 학교다. 평소와 같이 1교시 수업 시작 시간을 기준으로 등교하자. 학교에서 자습실을 운영한다면 적극 활용하고 그렇지 않더라도 학교 도서관으로 가서 공부하면 된다.

"월·수·금은 국사 수업 때문에 학교에 가야 하니까 예·복습도 학교에서 하는 게 좋을 거야. 수업이 끝나면 바로 복습을 해. 진도가 빠르게 나가니까 복습할 분량도 많겠지. 못 푼 문제들도

방학 계획표 수정 예

	월	화	수	목	금	토	일
1, 2교시	국사 수업	영어 독해	국사 수업	영어 독해	국사 수업	영어 독해	휴식, 독서, 가족과 시 간 보내기
3, 4교시	국사 예·복습		국사 예·복습		국사 예·복습	주간 단어 복습	
점심 시간	식사 후 단어 복습						
	수학 2시간						
	저녁 식사						
	수학 2시간						
	취침						

영어 독해할 때 모르는 단어가 많이 나온다는 점과 국사 수업의 진도가 빠르다는 점을 고려하여 단어 공부 시간과 국사 예·복습 시간을 추가했다.

있고 다시 읽어볼 부분도 있을 거고, 예습은 다음 단원 교과서 읽기로 하는 게 좋겠다. 그냥 보면 졸릴 테니 두꺼운 글씨 중심으로 읽도록 해."

"그렇다고 예·복습을 두 시간이나 해요?"

"두 시간은 안 걸리겠지. 하지만 그 시간 안에 끝내야 한다는 거야. 이렇게 대략의 틀을 정해놓아야 실천하기에도 부담이 없어. 분량이 많거나 공부가 잘 안되는 날도 두 시간이면 충분할 테니까. 시간이 남으면 수학 문제집을 풀든지 독서를 하든지 잠을 자든지 마음대로 해."

방학 계획표는 헐렁해야 한다. 공부 시간을 정할 때도 숫자를 쓰는 것보다 '점심 식사 후' '1,2교시 동안'과 같이 직관적인 실천 기둥을 활용하는 것이 편안하다. 시계를 보지 않아도 '지금 반 정도 했으니 나머지는 밥 먹고 하면 충분하겠구나' 라며 감을 잡을 수 있다.

"수학 공부를 충분히 하고 싶다고 했으니까 점심시간 후 모든 시간은 수학 공부에 집중하는 게 좋겠어. 그러려면 영어 독해가 걸리는데, 국사 수업이 없는 날 오전 시간을 활용하는 게 낫지 않을까? 매일 하면 좋겠지만 매일 외울 단어들이 쌓일 테니 그것도 부담스럽고 말이야."

"음. 한번 해볼게요."

"매일 영어 독해 욕심이 나거든 국사 예·복습을 빨리 끝내고 조금이라도 읽어보면 될 거야."

"그럼 영어 독해도 학교 가서 해요?"

"당연하지. 집에서는 그 시간에 일어나지지도 않고 집중도 안 돼. 불편해도 학교 자습실이 최고야."

"영어 독해 다음 빈 칸은 뭐예요?"

"자유 시간이지 뭐. 매일 변수가 있겠지만 수학 공부나 독서를 하는 데 시간을 써야 할 거야. 단어는 반복할수록 좋으니까 매일 점심 식사 후에 그날 단어와 전날 단어를 복습하도록 하고 주말에는 일주일 동안 외웠던 단어를 다시 점검해봐."

"어? 일요일은 공부 안 해요?"

"공부하는 사람이든 일하는 사람이든 일주일에 하루는 아무

것도 안 하는 날이 필요해. 공부 계획을 세워도 일요일은 실천율이 지극히 떨어지기 마련이야. 식구들끼리 외식을 하기도 하고 돌잔치 같은 가족 모임이 있거나 엄마랑 마트에 장 보러 간다거나 뭐 이런저런 일들이 있잖아. 사소해보여도 모두 다 필요하고 중요한 일들이야."

"그럼 왜 수학은 두 시간씩만 하는 거예요? 점심 먹고 나서 잠들기 전까지면 거의 하루 종일이잖아요."

"시간으로 따지면 그렇지. 하지만 직접 공부를 해보면 두 시간도 건지기 힘들다는 걸 알 거야. 점심 먹고 나면 얼마나 잠이 쏟아지니? 매점 가서 음료수라도 한잔 마시려고 하면 친구들 만나서 시간을 죽이기도 하잖아. 두 시간이라고 해 놓은 것은 최소한 두 시간은 집중 공부를 해야 한다는 의미야. 노력에 따라서 세 시간을 할 수도 있고 네 시간을 할 수도 있는 거지."

많은 학생들이 실제로 공부의 성과보다 공부가 잘 안된 것 같은 '느낌' 때문에 좌절한다. 계획대로 되지 않은 것 같고 앞으로도 지킬 자신이 없어 이삼일 공부하다가 말아버리는 것이다. 그러고는 그저 기분에 따라 공부한다. 기분에 따라 하는 공부라고 해서 실력 향상이 안 되는 것은 아니지만 일관성 없이 공부한다는 불안감에서 자유로울 수는 없다.

모든 계획은 수정을 위해 존재한다고 해도 과언이 아니다. 이삼일 실천해보고 아니다 싶으면 수정하자. 필요한 공부는 모두 넣되 시간에 쫓기지 않는 계획이어야 한다. 계획 세우는 것도 하면 할수록 느는 것이니 책에 나온 것처럼 잘되지 않는다고 좌절할 필요도 없다. 작심삼일은 누구에게나 오는 좌절이다. 그 이후 어떻게 대처했느냐가 여러분의 방학을 판가름할 것이다.

04. 나를 살리는 취미

슬럼프에 푹 빠져 공부가 잘되지 않을 때는 극복해야 한다는 다짐도 부담스럽다. 억지스럽게 공부 계획을 세우는 것도 싫다면 공부 말고 다른 것에 관심을 돌려보자. 무엇이든 시간 가는 줄 모르고 집중하면 나에게 유익이 된다.

공부가 아니면 모두 시간 낭비고 쓸데없는 짓이라 생각해서는 안 된다. 그 동안 놀면서도 마음이 편치 않았다면 열심히 놀지 않았기 때문이다. 가장 건강한 휴식은 무언가에 몰입하는 것이다. 좋아하는 취미가 있다면 적극적으로 즐겨야 한다. 요리든 악기 연주든 그 자체만으로 훌륭한 휴식이 될 뿐 아니라 취미 활동을 하며 쓰이는 응용력, 집중력이 공부할 때도 힘을 발휘한다. 특히 방학은 긴 시간을 낼 수 있어 한 단계 수준을 높이고 깊이를 더하기에 좋다.

📚 다재다능의 시작은 취미 생활

베스트셀러 소설을 쓴 변호사, 보디빌더의 몸매를 가진 CEO, 피아노 연주가 일품인 공군 장교 등 다양한 재능을 보이는 사람들은 매력적이다. 하수들은 "일하기에도 바쁠 텐데 어떻게 그런 걸 다 해요?"라고 묻지만, 고수들은 취미 생활에 몰입하는 것이 일을 잘할 수 있는 힘이 된다고 답한다.

삼성 그룹의 이건희 회장은 열 개가 넘는 취미를 갖고 있다. 대충 시간 때우는 정도가 아니라 각각 지도 선생님을 따로 둘 만큼 진지하게 몰입하는 취미다. 다양한 활동들이 주는 특별한 영감과 아이디어, 취미마다 다르게 느껴지는 성취감이 일에서도 탁월한 힘을 발휘할 수 있게 해주기 때문이다.

처음에는 즐기기 위해 시작하지만 오랜 세월 꾸준히 집중하다 보면 자연히 프로급의 실력을 갖추게 된다. 다재다능의 시작은 취미 생활이었던 것이다. 열심히 쉬었느냐 흐지부지 쉬었느냐의 차이다. '언젠가 꼭 해야지' 하며 미뤄 두는 게 능사는 아니다. 방학 때는 일상의 공부와 일에서 벗어나 즐거운 취미 활동에 푹 빠져보자.

📚 아인슈타인과 바이올린

과학자에게 바이올린이라니 참으로 어울리지 않는 조화다.

하지만 아인슈타인은 예술을 사랑했다. 그는 여섯 살 때부터 피아노와 바이올린을 배웠는데 특히 바이올린을 굉장히 좋아했다. 그 실력도 상당해서 망명 독일 과학자들을 돕기 위한 연주회를 열었고, 인도주의적 사업 지원을 위해 미국 뉴욕의 카네기 홀에서 콘서트를 갖기까지 했다.

아인슈타인은 파이프 담배처럼 바이올린을 항상 끼고 살았다. 물론 공부할 때도 음악의 도움을 받았다. 종종 바이올린을 연주하다가 느닷없이 "그래, 바로 이거야"라며 문제를 풀었다고 한다. 바이올린 연주가 연구에 지친 뇌를 자극하고 명쾌한 해답을 떠올리게 해주었던 것이다. 아인슈타인은 화음을 만들어내는 음들의 조화를 수학적으로 분석해보기도 하면서 과학자답게 음악을 즐겼다.

바이올린 연주에 몰입해 있는 아인슈타인을 상상해보자. 헝클어진 머릿속에는 온 우주를 흐르는 과학적 원리에 대한 호기심이 가득했을 것이다. 복잡한 우주에서 자유롭게 흐르는 바이올린 선율을 느끼며 연구의 실마리를 풀어가지 않았을까? 그가 바이올린이라는 친구를 두지 않고 책 속에서만 과학을 연구했다면 4차원을 생각할 수는 없었을 것이다.

과학문화진흥회의 김제완 이사장은 "딱 한 줄의 공식($E=mc^2$) 안에 우주의 모든 신비가 담겨 있다는 것이 그렇게 아름다울 수 없다"고 했다. 아인슈타인의 방대하고도 아름다운 이론의 바탕에는 예술적, 음악적 감각이 깔려 있었던 것이다.

그러니 아인슈타인에게 바이올린은 단순히 여가 활동이 아니었다. 복잡한 정신 활동의 에너지원이자 언제라도 빠져들 수 있는 안식처였다. 우리에게 취미가 필요한 이유도 비슷하다. 매일 반복되는 집중과 정신 활동, 논리적 사고를 지탱할 수 있으려면 그 반대편에는 비슷한 강도로 몰입할 수 있는 무언가가 있어야 한다. 공부하기도 바쁜데 무슨 취미 생활이냐고? 취미는 분명 공부를 더욱 잘하게 만들어줄 것이다.

📚 파브르와 곤충

취미는 좋아하는 것에서부터 출발한다. 취미로 시작했다가 큰 성공을 거둔 사람들도 많다. 요리를 좋아해 빵 만드는 법을 배우고 주특기인 호두파이를 이웃과 나누어 먹다가 집에서 호두파이 장사를 시작한 주부도 있다. 점점 주문이 늘어나 나중에는 호두파이 가게를 열고 사장님이 되었다. 기업의 연구원으로 근무하던 일본의 한 직장인은 그저 좋아 스스로 공부하고 퇴근 후에도 자신만의 연구를 계속했다. 그는 결국 노벨상까지 받았다.

곤충학자의 대명사인 파브르도 그랬다. 파브르는 넉넉지 못한 가정 형편 때문에 학비를 면제받을 수 있는 사범학교에 가야 했다. 졸업 후에는 초등학교 교사가 되었고 그 때부터 곤충 연구에 몰두했다. 낮에는 학생들을 가르치고 밤에는 곤충을 관찰하며 흥미로운 점들을 기록했다. '곤충학의 성경'이라 불리는

《파브르 곤충기》는 이렇게 시작되었다. 사람들은 파브르가 당연히 생물학 박사나 교수쯤 되겠거니 생각하지만 실제로는 전혀 그렇지 않은 것이다.

이런 게 나를 살리는 취미다. 전공, 직업과는 상관이 없다. 해야만 하는 공부나 생계를 위한 일보다 더욱 강한 끌림이다. 그저 좋아서 하다 보니 최고의 성과를 내고 마는 것이다.

무언가 하고 싶은 것이 있으면서도 '이걸로 대학 갈 것도 아닌데', '귀찮은데 뭘', '공부할 시간도 부족해'와 같은 생각으로 덮어두고 있지는 않은가? 하고 싶은 게 있다는 건 얼마나 위대한 에너지인지 모른다. 주말, 방학, 연휴 등 시간이 날 때마다 취미 활동에 전념해보자. '나에게도 이런 열정이 있었나?' 싶은 꿈틀거림이 느껴질 것이다. 자신감도 회복되고, 친구들에게 자랑할 만한 것들도 하나둘 생겨날 것이다. 삶의 의욕이란 이렇게 '만들어'진다.

📚 취미 생활의 유익함

국가대표 선수들이 큰 소리로 구령을 외치며 운동장을 뛰고 있었다. 강한 훈련으로 이미 온몸은 땀범벅이 되었고 체력은 바닥이 나 있었다. 그래도 코치는 목소리가 작다며 다그쳤다. 훈련 시간이 끝나고 그 모습을 지켜보던 사람이 코치에게 물었다.

"그냥 뛰기만 해도 무척 힘들 것 같은데 왜 계속 큰 소리를 내라고 하시나요?"

코치가 답했다.

"소리를 지르면 그만큼 힘이 빠질 것 같지만 그렇지 않습니다. 힘이 있어서 소리를 지르는 것이 아니에요. 소리를 지르면서 힘이 생기는 거죠. 구령을 외치기 위해 힘을 모으고 그 힘으로 더 잘 뛸 수 있는 겁니다. 소리를 지르지 않고 그냥 뛰기만 하면 덥고 힘들다는 감각으로 정신이 분산됩니다. 오히려 더욱 힘이 들어요."

우리에게 취미란 외치는 함성과 같은 것이다. 공부만 하기에도 힘들고 시간이 부족한 것 같지만 그렇지 않다. 취미 생활을 하기 위해 공부에 더욱 집중하게 되고 취미 활동에 몰입하면서 공부에 지친 몸과 마음을 빠르게 회복할 수 있다. 공부만 하는 사람들보다 인내심, 집중력, 보람을 경험할 기회도 많다.

📚 취미가 직업으로

한 출판사의 대표님은 취미 생활을 통해 평생의 직업을 찾게 되었다. 대학 졸업 후 취직을 하지 못해 꼬질꼬질한 백수로 지내고 있던 중 사람들이나 만나 볼 요량으로 출판 편집 동호회 활동을 했다. 그때까지도 그분은 책 읽고 글 쓰는 건 돈 안 되는 궁상으로만 여겼다. 취업 스트레스나 풀려고 시작했던 동호회 활동이었지만 회원들과 읽은 책을 공유하고 토론하는 일에서 즐거움을 느꼈다.

하지만 동호회 활동으로 먹고살 수는 없었고, 대표님은 동호회 활동을 정리하며 그간의 활동을 기념하기 위해 작은 책을 엮기로 했다. 밤을 새워 작업하기를 수일, 마지막 날 친했던 동료들에게 자신의 마음을 털어놓았다. 그랬더니 한 동료가 펄쩍 뛰며 말리더라는 것이다.

"글을 읽고 책을 만드는 자네의 눈빛이 어떤지 아는가? 이건 버릴 수 없는 일이야. 이 일 말고 어떤 일이 자네를 행복하게 할 수 있겠는가?"

대표님은 '내 눈이 빛나는 일 말고 또 뭐가 더 있을까?'라는 생각에 그날로 지루했던 진로 고민을 끝냈다.

지금 나의 취미 생활도 비슷할지 모른다. 공부에 도움도 안 되고, 돈도 안 되고, 사람들에게 인정받지 못하는 것이라 해도 내가 행복하다면 유지하자. 세상은 예상치 못하게 변하고, 꼭 직업이 되지 않더라도 나를 남다르게 성장시켜줄 테니까.

증권회사에서 일하고 있는 이근영 씨의 취미는 마술이다. 초등학교 때 방과 후 활동 프로그램으로 배운 것이 시작이었다. 깜짝 놀라는 사람들의 표정이 재미있어 열심히 마술을 연습했다. 연필이 장미꽃으로 변하면 친구들도 선생님들도 박수를 쳤다. 장기자랑이나 축제 때 친구들은 노래하고 춤췄지만 근영 씨는 마술을 보여주었다.

마술을 가르쳐주는 곳은 많지 않았다. 문화센터에 마술 강좌가 열리면 학원은 다 빠지고 참석했다. 동영상 CD도 구입하고, 용돈을 모아 마술 공연도 보러 갔다. 어린 시절 이렇게 즐기던 마술이 빛을 발한 것은 취업 면접 때였다.

"취미를 마술이라고 쓴 게 특이해보였나 봐요. 보통은 독서나 등산 이런 거 쓰잖아요. 면접관이 간단한 마술을 할 수 있으면 해보라고 하시더라고요. 사실 준비를 좀 하기도 했어요. 그래서 중학교 때 하던 것처럼 펜이 없어졌다가 장미로 바뀌고 뭐 그런 마술을 했는데 굉장히 좋아하시더라고요."

면접은 면접관들의 만족스러운 미소로 마무리되었고 근영 씨는 치열한 경쟁을 뚫고 증권회사에 입사할 수가 있었다. 취미는 이런 것이다. 뭘 노리고 하는 것은 아니지만 남들은 누리지 못하는 혜택을 얻기도 한다.

📚 취미로 봉사 활동을

취미는 인생을 가치 있게 만들어준다. 리모콘 만지작거리기 대신 뭔가 할 것이 있다는 것만으로도 충분히 의미 있지만 나 혼자 즐기던 취미가 타인을 위해 쓰인다면 더욱 훌륭하다.

마술을 즐기는 근영 씨는 한 달에 한 번 대학병원의 소아암 병동에 간다. 교회에서 만난 혈액암 환자 어린이를 알게 되면서 부터다. 그 아이가 외출이 어려울 만큼 병이 악화되어 병문안을 갔던 것이 계기였다.

병실 안에서 해주던 작은 마술에 다른 어린이 환자들이 모여들면서 근영 씨는 매달 오겠다고 약속했다. 친구들의 박수에 우쭐해하며 시작했던 마술이 지금은 이렇게 멋지게 쓰이고 있다.

놀기 좋아하는 혜선이는 대학에 입학하면서 레크리에이션을 배웠다. 그녀는 웃음 많고 목소리 큰 것은 타고난 데다 사람들을 즐겁게 이끄는 능력도 탁월해서 레크리에이션을 배우는 것도 하는 것도 즐거웠다. 잘 노는 혜선이는 어딜 가나 인기가 좋았다. 수백 명 앞에서 마이크를 잡을 때도 많았다.

그저 놀기 위해 시작했던 레크리에이션이지만 혜선이는 점점 웃음이 필요한 사람들을 찾아 나서기 시작했다. 웃음은 누구에게나 소중하다는 것을 느꼈기 때문이다. 복지관의 할머니, 할아버지는 혜선이가 오는 날만 웃는다고 한다. 누군가에 '없어서는 안 될 사람'이 되었다는 사명감은 혜선이를 더욱 빛나게 한다.

현우는 강아지를 좋아한다. 키우는 강아지를 아끼는 것은 물론 강아지에 대한 지식도 해박하다. 강아지에 대한 애정은 동물 보호에 대한 관심으로 확장되었다. 길을 잃거나 버려진 강아지가 있으면 그냥 지나치지 못한다. 집으로 데려와 목욕을 시킨 뒤 유기견 센터에서 데리러 올 때까지 안전하게 돌봐준다.

이웃들은 애완견을 잃어버리면 현우에게 가장 먼저 전화를 한다. 잃어버린 강아지가 주인을 만났을 때는 지켜보는 것만으로도 행복해했다. 그렇게 받은 표창장도 여러 개다. 현우의 꿈은 수의사나 동물행동학자가 되는 것이다.

정말 멋지지 않은가? 처음에는 그저 좋아 시작하는 것이다. 그렇게 시간이 흐르고 취미도 나도 성장하다 보면 자연스럽게 타인에게 베풀게 된다. 참으로 선한 영향력이다. 나 혼자 무언가 성취했을 때 느껴지는 것과는 다른 보람이다. 세상을 향한 큰마음을 얻는 것은 아무나 가질 수 없는 인품을 가졌다는 것을 의미한다. 내 인생을 가치 있게 해주는 것 하나쯤은 있어야 하지 않을까? 우리도 이렇게 멋진 취미를 가져보자.

📚 내 취미는 무엇일까?

이쯤 되면 여러분도 무언가 취미를 하나 갖고 싶을 것이다. 여러분의 취미는 무엇인가('독서'라는 대답은 취미가 없다는 것과

취미의 예

창조적 표현	수채화, 유화, 벽화, 조각, 스케치, 사진, 글쓰기, 책 만들기, 보석 만들기, 초상화, 드라마, 음악, 노래, 공예(나무, 알, 슈가, 비즈), 예쁜 글씨 쓰기 등
신체 활동	축구, 하키, 야구, 농구, 배구, 테니스, 자전거, 마라톤, 춤, 치어리딩, 체조, 승마, 가라데, 태권도, 아이스스케이트, 인라인스케이트, 스노보드, 스키, 서핑, 검도, 유도 등
수집	우표, 동전, 인형, 암석, 조개껍데기, 미니어처, 장난감 차(비행기, 기차), 만화책, 열쇠고리, 배우(동·식물) 사진, 명언 등
자연 탐구	하이킹, 철새 구경, 걷기 여행, 캠핑, 스노클링, 동물 돌보기, 원예, 별 보기 등
지식 탐구	외국어, 퍼즐, 바둑, 장기, 다큐멘터리, 문화재 탐사 등
홈 아트	도예, 찰흙, 뜨개질, 퀼트, 요리, 자수, 옷 만들기 등

마찬가지다. 독서란 매끼 먹는 밥처럼 당연한 거니까)? 지금까지 공부 말고는 어떤 것도 격려받지 못하는 분위기였으니 내 취미가 뭔지 모르겠다는 대답이 많을 것이다. 지금부터라도 잘 생각해보자. 나는 무엇을 할 때 눈빛이 살아나는가? 무엇을 할 때 시간 가는 줄 모르고 빠져드는가?

무엇이라도 좋다. 성과를 만들고 싶은 친구들은 자격증을 목표로 삼아도 된다. 취미는 인생 최고의 친구다. 내 안의 즐거운 나를 만나는 일이다. 취미 생활을 통해 가치 있는 휴식을 즐기자. 취미 활동은 실력, 인격, 도전 의식, 봉사 정신 등 모든 면에서 나를 큰사람으로 만들어줄 것이다.

05. 교과 외 활동은 이렇게

입학사정관제의 영향으로 봉사, 체험 활동의 중요성이 커지고 있다. 이것은 변덕스러운 입시 정책 중 하나가 아니다. 모든 국가가 지향하는 인재 양성의 흐름이다. 전 세계 어느 학교도 공부만 잘하는 학생을 원하지 않는다. 온 몸의 에너지가 치솟는 성장기에 그저 공부만 했다는 것은 내 꿈, 내가 살아갈 세상, 내 주변의 사람들에 대해 뜨거운 마음을 가져본 적이 없다는 것을 의미하기 때문이다.

고등학교든 대학교든 입학사정관 전형을 실시하는 모든 학교의 입학 서류에는 '지원자가 재학 중 했던 활동 중에서 가장 중요하다고 판단되는 교과 외 활동(봉사, 자치, 동아리, 연구, 취미 등)을 구체적으로 기술하십시오'와 같은 내용이 있다. 책상 앞에서 머리 굴리는 것 말고 내 몸을 움직여 직접 실천한 이야기들이 필요한 것이다.

유능한 기자가 되어 세계 곳곳에서 벌어지는 일들을 알리겠다는 꿈이 있다면 학교에서 특별활동을 정할 때도 시사 토론반에 눈길이 갈 것이다. 방학 동안에는 학생 기자 캠프에도 참여하고 싶고 국내외의 기자상을 받은 기사들은 스크랩도 하지 않을까? 방학이 되면 공부 외에 나에게 의미 있는 활동 하나쯤은 하고 넘어가자.

📚 많은 활동보다 관심 분야의 활동이 효과적이다

교과 외 활동과 관련해 가장 흔한 질문은 "좋은 학교에 가기 위해서는 남들에게 없는 대단한 활동들이 필요하지 않아요?"다. 봉사 활동 몇백 시간에, 해외 연수 정도는 해야 하지 않느냐는 것이다. 대답은 No!

봉사든 체험이든 '양보다 질'이다. 모든 활동은 흥미를 느끼는 분야를 고르자. 진로 방향과 연결되는 활동이라면 더욱 좋다. 방학 중에 참여해볼 수 있는 캠프나 프로그램은 다양하지만 스스로 나만의 활동을 만들어볼 수도 있다. 매일 자신의 블로그에 영어 일기를 올리거나, 강아지가 커가는 모습을 기록한 학생들이 좋은 예다.

"처음에는 학교 과제로 나온 탐구 보고서를 쓰려고 시작했던 거예요. 몇 가지 주제를 놓고 고민을 했는데 나머지 주제들도 그냥 두기는 아깝더라고요. 그래서 과제랑 상관없이 하나씩 하게 됐어요. 평가받는다는 부담이 없어서 정말 재밌게 했어요. 집 앞 개천 물을 떠다가 오염도를 조사하기도 하고, 일반 냄비와 압력 밥솥의 열효율이 어떻게 다른지 실험도 하고요."

이 학생은 대학이 주관한 실험 대회에 자신이 평소에 했던 연구 주제로 참여해서 최우수상을 받아 그 대학에 입학할 수 있는 기반을 만들기도 했다. 이처럼 관심 분야의 활동이어야 오래 지속할 수가 있고 결국에는 입시에도 유리하게 쓰일 수 있다.

'대학 잘 가려면 뭐라도 해야 하는데', '친구들은 저렇게 많이 하고 있는데'하는 초조함을 가질 필요는 없다. 여유를 가지고 이런저런 활동을 하다 보면 자연스럽게 더 끌리는 주제가 생길 것이고, 한 번 더 참여하고 싶은 활동들이 있을 것이다. 무엇이든 마음이 흐르는 대로 신나게 즐기는 게 먼저다.

📖 부모님, 선생님의 도움을 구하자

학교 수업, 숙제는 내가 스스로 챙길 수 있지만 교과 외 활동은 어른들의 도움을 받는 것도 좋다. 나의 역량을 잘 아는 부모님, 선생님들은 나에게 유용한 프로그램들을 추천해주실 수 있기 때문이다. 학교 밖에서 이루어지기 때문에 기관의 신뢰성과 안전성을 살피기도 해야 하니 어른들의 조언이 필요하다.

방학마다 청소년 캠프에 강의를 하러 가곤 하는데, 학생들 중에는 "엄마가 신청해서 그냥 온 거예요" 하는 아이들이 있다. 모든 활동에 진심 어린 마음을 가지면 좋겠지만 그렇지 못할 때도 있다. 하지만 별 생각 없이 참여하게 된 활동이라 해도 그 과정 중에 자신이 성장하는 것을 경험할 수 있다.

부모님, 선생님이 권유한 활동이라면(그래서 억지로 참여하게 되었다 해도) 내가 배울 점을 찾아보자. 그것을 디딤돌 삼아서 다음에는 내가 직접 선택할 수 있을 것이다. 서울대학교의 한 입학사정관은 선생님의 도움이 학생을 잘 이끌어 준 사례를 이야기하기도 했다.

"시골 학교 학생이었는데 학생 수가 많지 않다 보니 학생의 우수성에 맞는 프로그램을 학교에서 개설할 수 없었어요. 하지만 선생님들의 도움으로 교육청 주관의 심화 활동이나 인근 대학의 실험 프로그램에 참여하면서 꿈을 키울 수 있었죠. 학생의 동아리나 학업 관련 활동을 지원하기 위한 선생님들의 노력은 매우 인상적이었습니다. 학생이 좋은 성과를 낸 것은 본인의 열정과 노력 덕분이겠지만 학생에게 필요한 것을 든든하게 받쳐 준 선생님들의 노력을 간과해서는 안 될 것입니다."

부모님이나 선생님이 '이거 해라. 저것도 좀 해 봐라' 하는 것은 분명 좋은 이유가 있기 때문이다. 잔소리 같아서 귀찮을 때도 있지만 나의 진로를 내다보는 일에는 어른들의 큰 생각이 필요하다. 나에게 어떤 활동이 필요할지 조언을 구해보자. 그리고 '뭐 배우고 느낄 거 없나' 하며 눈에 불을 켜고 찾아보면 된다.

📚 각종 대회, 인증 시험은 노력의 과정이 중요

방학 동안 자격증을 따거나 토익, 텝스 같은 외국어 시험을 보는 학생들도 많다. 하지만 외고, 과고, 국제고, 자율고 등 자기주도학습전형을 실시하는 고등학교의 입시에서는 수상 경력과 인증 시험 점수를 제출할 수도, 반영할 수도 없도록 규정되어 있다. 대학교들도 해당 분야 특기자들을 선발할 경우에만 제한적으로 활용하고 있다. 입증 자료로 제출이 가능한 학교들도 점수를 반영하는 것이 아니라 자기소개서의 내용을 증빙하는 서류로만 참고하고 있을 뿐이다.

그렇다고 대회 참여나 인증 시험을 나 몰라라 할 건 아니다. 성적을 평가하지 않는 것뿐이지 그 과정에서 내 경험은 얼마든지 드러낼 수 있으니까. '그 시험에서 최고 득점을 받았습니다'는 아무 의미가 없지만 '시험을 보기 위해 매일 공부를 쉬지 않았는데 그것이 제 실력 향상에 큰 도움이 되었습니다. 얼마나 더 노력이 필요한지 절감할 수 있었고, 무엇보다 나 자신과의 경쟁이 중요하다는 것을 깨달았습니다'라고 한다면 훌륭한 경험이 될 수 있다.

큰 시험이나 대회를 치르다 보면 대학생, 성인들과 함께 시험을 보기도 하고 나이 어린 실력자들을 만나기도 하니 더욱 노력할 동기를 얻게 된다. 지난번보다 조금 오른 점수를 받는다면 더욱 신이 나서 다음 시험에도 도전하게 될 것이다. 비록 경쟁

자라 할지라도 혼자 노력하는 것보다 함께 노력하는 사람이 있으면 더 큰 힘이 나는 법이다.

📚 기록, 증명 자료를 남기자

흔히 '포트폴리오'라 하는 것이 여기에 해당된다. 포트폴리오는 학생의 교과 성적뿐 아니라 봉사, 체험 등 다양한 교과 외 활동 사항들을 정리한 것인데, 입시를 치를 때 갑자기 쌓을 수 있는 자료들이 아니기 때문에 오랜 시간 내가 노력해온 과정들을 잘 관리해두어야 한다(하지만 입시에서는 내가 정리한 포트폴리오 자체를 제출하는 것이 아니다. 그 내용을 바탕으로 학교에서 지정한 자기소개서 양식에 따라 필요한 내용을 재구성하여 작성해야 한다).

수료 증서나 활동 증명서를 받았다면 잘 보관하는 것은 물론 그 활동에 대한 나의 생각도 적어두어야 한다. 우선 활동명과 기간, 활동 내용을 적고 그 활동을 통해 내가 얼마나 성장했는지, 나의 꿈에 어떻게 가까워졌는지를 생각해보자. 캠프에 다녀오고 힘든 봉사 활동을 하느라 지치겠지만 활동 기록을 미루어서는 곤란하다. 생생한 기억이 사라지기 전에 기록하자.

치열하게 웃고 뛰며 온몸으로 배운 것들은 고스란히 내 미래를 위한 준비다. 모두 나의 진학, 진로에 쓰일 수 있으니 나중을 위해 반드시 자료를 남겨두자.

그래도
꿈을 꾸자

01. 꿈을 이루는 상상

상상의 힘은 실로 엄청나다. 보이지 않는 내면의 일이지만 실제의 모습으로 드러나니까. 꿈을 이루는 '상상 훈련'은 앞으로 벌어질 일에 대한 마음의 작용이다.

상상 훈련의 힘

한국전쟁에서 심각한 부상을 입었던 빌은 몇 개월 동안 병원 침대에 누워있었다. 움직일 수 있는 근육은 눈과 턱뿐이었다. 뭔가 의미 있는 일을 해야겠다고 느낀 빌은 평소 배우고 싶었던 타자 치는 법을 익히리라 다짐했다. 빌은 간호사에게 부탁해 타자 자판 모형을 선반에 붙여놓았다. 그리고는 자신의 손가락으로 정확하게 키를 치는 모습과 종이 위에 글자가 나타나는 모습을 떠올렸다. 비록 손가락을 움직일 수는 없었지만 마음속 연습은 매일 계속되었다.

수 개월 동안 여러 가지 물리치료를 받은 후, 그는 드디어 손과 발을 움직일 수 있게 되었다. 그가 일어나자마자 제일 먼저 한 일은 병원 사무실로 달려가 타자기를 빌리는 것이었다. 실제로 타자 치기 첫 시도에서 그는 1분에 오타 없이 55자를 쳤다 (당시의 타자기는 너무 빨리 치면 글씨들이 엉켜서 망가졌기 때문에 지금보다 타자 치는 속도가 느렸다). 마음속 훈련만으로 실제 연습의 효과가 나타난 것이다.

어떻게 이런 일이 가능할까? 뇌는 실제의 경험과 상상의 경험을 구분하지 못하기 때문이다. 비슷한 사례는 많다.

1995년 코리아컵 국제축구대회 당시 브라질과의 경기에서 결승 골을 넣었던 유상철 선수는 경기 전날 밤 골을 넣는 장면을 떠올렸다. 상대 수비수의 위치와 나의 위치, 공이 날아오는 방향은 물론 골을 넣는 자세와 공이 날아가는 각도까지 생생하게 그려본 것이다. 다음날 실제 경기에서 바로 그 상황이 재현되었고 유 선수는 생각 속 훈련대로 슈팅을 했다.

마릴린 킹은 미국의 근대 5종 국가대표 선수였다. 1980년 모스크바 올림픽의 유력한 우승 후보였던 그녀는 올림픽을 1년 앞둔 어느 날 훈련 중 교통사고로 머리와 척추를 크게 다쳤다. 움직일 때마다 심한 통증에 시달렸고 주변 사람들은 모두 마릴린에게 올림픽을 포기하라고 했다.

하지만 그녀는 포기할 수 없었다. '이렇게 누워서라도 훈련할 수 있는 방법이 없을까?' 하고 고민하던 그녀는 '상상 훈련'을 시작했다. 매일 조금씩 나아져 올림픽에 출전할 거라는 생각만이 머릿속을 가득 채웠다. 올림픽 메달리스트들의 경기 장면을 하루 5시간씩 보면서 머릿속으로 선수들의 동작을 연구하고 익혔다. 그러고는 눈을 감고 자신이 경기하는 모습을 아주 세밀하게 그려봤다. 또한 하루에도 수십 번씩 금메달을 목에 거는 모습을 상상했다.

그녀는 조금씩 몸을 움직일 수 있을 정도가 되자 이번에는 경기장에 서서 실제로 훈련한다면 어떻게 했을지 떠올려보기도 했다. 몇 달 뒤 병원에서 퇴원한 그녀는 모스코바 올림픽에 출전해 기적처럼 은메달을 목에 걸었다. 오로지 상상 훈련만으로 얻은 값진 결과였다.

📚 상상 훈련 따라하기

보이는 세계는 보이지 않는 세계의 힘으로 이루어진다. 상상 훈련은 보이지 않는 내면의 힘으로 구체적인 몸동작을 구현해낸다. 실제로 운동선수들은 심리 훈련(mental training)을 한다. 경기에서 최고 능력을 발휘하는데 필요한 정신적 능력을 강화하기 위해서다.

선수들은 자신이 운동하는 장면을 떠올리기만 해도 뇌파, 근

상상 훈련법

	훈련 방법	나에게 적용하기
평상시	조용하고 편안한 자세를 취한다	
	두 눈을 감고 천천히 호흡을 길게, 온 몸의 힘을 뺀다	
	각 기술 동작의 진행 과정을 선명하게 떠올린다	각 단계의 풀이 방법을 선명하게 떠올린다
	동작 과정을 상상한다	문제 풀이의 과정을 상상한다
	빠른 속도로 동작을 연상한다	막힘 없이 문제를 푸는 나의 모습을 연상한다
시합 전 (시험 전)	편안한 자세를 취한다	
	편안한 마음으로 두 눈을 감는다	
	시합에 대비해서 상대 선수를 상정하여 주도권을 쥐고 경기 장면을 그려본다	시험에 대비해서 과목을 정하여 공부하는 장면을 그려본다
	상대 선수의 특기 및 전술을 예측하고 대응 전략을 펴본다	선생님이 강조하셨던 내용을 중심으로 내가 선생님이라면 어떤 문제를 낼 것인지 떠올려본다
	시합마다 결과를 분석하고 새 전술을 실행한다	같은 개념이라도 단원별 문제집을 비교하고 새로운 문제를 만들어본다
	실제로 있을 수 있는 경기 내용, 즉 공격과 반격 등 다양한 경기 상황을 가능한 다양하게 떠올리되, 자신의 성공적 경기 수행 과정이 그려질 수 있도록 한다	실제로 시험에서 부딪힐 수 있는 상황, 즉 시간 부족이나 교과서에 없었던 제시문 등을 다양하게 떠올리되, 성공적으로 시험 문제를 푸는 과정이 그려질 수 있도록 한다
	자신의 승리로 끝나는 장면을 상상한다	검토를 마치고 여유 있게 답안을 제출하는 장면을 상상한다

전도, 피부 전기 자극, 호흡 등에 변화가 나타난다. 특히 상상 훈련은 이상적인 동작을 여러 번 떠올려 연습하거나 잘못된 동작을 비교 · 수정하는데 효과적이다. 게다가 시간과 장소의 제약이 없으니 얼마나 좋은가?

전혀 떨지 않고 완벽하게 영어 말하기 수행평가를 해내는 모습을 세밀하게 떠올려보자. 직접 말을 하는 듯 근육들이 반응할 정도로 말이다. 강한 집중력으로 그날의 공부 목록을 모두 실천하는 내 모습은 생각만 해도 흐뭇하다. 모든 시험문제를 자신감 있게 풀어나가는 장면도 좋다.

상상 훈련으로 은메달을 땄던 마릴린 킹은 자신의 성공을 바탕으로 수많은 사람들에게 이렇게 조언한다.

"당신의 시계를 5분 빠르게 바꿔 놓으세요. 그러면 5분의 여유가 생기겠죠. 그러면 그 5분 동안 금메달을 상상하는 겁니다."

이렇게 실제 운동선수들이 훈련하는 방법을 따라 우리도 상상 훈련을 해보자.

📚 꿈을 이루는 상상

상상은 전혀 돈이 들지 않는다. 어디에도 적용할 수 있다. 새로 배운 수학 공식이나 턱걸이 수행평가를 성공적으로 해내는 것은 '작은 꿈'에 해당한다. 조금 더 확장해보자. 대학생이 되어 두꺼운 전공 서적으로 공부하는 모습, 멋진 정장을 입고 일하는 모습, 많은 사람들에게 박수를 받는 모습 등등 상상 훈련은 인생의 큰 꿈에도 가능하다. 내가 바라는 내 모습을 생생하게 그리면 나도 모르게 그 모습에 가까워지기 마련이다.

레스토랑 체인으로 큰 부를 쌓은 한 사업가는 그 성공 비결을 이렇게 말한다.

"새로운 레스토랑을 준비할 때에는 반드시 그 레스토랑의 최종 모습을 떠올립니다. 인테리어와 분위기, 조명, 향기, 흐르는 음악, 손님들이 메뉴를 고르는 모습, 만족스러워하는 표정까지 모두 상상하죠. 상상이 완성되지 않으면 절대 매장 공사를 시작하지 않습니다."

내 인생의 최종 모습은 무엇인가? 그것을 수도 없이 떠올려 보고 고치고 다시 꿈꾸는 과정이 필요하다. 그것이 진정한 진로 고민이다. 꿈이 이루어지지 않는 이유는 어려워서가 아니라 꿈꾸지 않았기 때문이다. 꿈꾸는 과정은 치열하고 오래 걸린다. 매일 매일 나의 '금메달'을 꿈꾸자. 그대로 이루어질 것이다.

02. 꿈과 직업은 다르다

학생들에게 꿈을 물으면 상당수는 모른다는 반응이다. "왜 나는 꿈도 없을까?"라고 한숨을 쉬며 스스로를 답답해한다.

"저는 아직 무엇을 해야 할지 꿈을 정하지 못했어요. 진로 탐색 프로그램에도 많이 참여해봤지만 저에게 맞는 진로를 찾지 못했습니다. 제가 뭘 하고 싶은지도 모르겠어요. 무엇을 해야 할지 모르니 공부를 왜 해야 하는지 모르겠고 자연히 의욕도 생기지 않습니다."

그렇다면 꿈이 있는 학생들은 마음이 편할까? 어찌어찌 진로를 정했다 해도 답답함은 끊이지 않는다.

"예전부터 꾸준히 제과 제빵에 대해서 관심이 많아 배우러 다니기도 했어요(지금은 쉬고 있습니다). 과자랑 빵을 만들 때만큼은 기분도 좋아지고 스트레스가 풀려서 꿈을 그쪽으로 생각하고 있었어요. 하지만, 제가 야구를 좋아하기 시작하면서 야구 기자가 되고 싶다는 꿈이 또 생겼어요. 어느 진로를 선택해야 될지 모르겠어요. 둘 다 너무 좋아서 포기할 수 없거든요. 그래서 지금 고민 중입니다.'

이 학생이 고민 끝에 야구 기자를 택했다고 하자. 그 이후에는 더 좋아하는 직업이 생기지 않을까? 대학생이 되고 사회인이 되면 더 다양한 경험을 하고 더 많은 사람들을 만나게 될 테니 진로에 대한 고민도 더 커질지 모른다. 왜 이런 답답함이 끊이지 않는 걸까? 꿈을 직업으로 한정하기 때문이다. 인생이란 한 가지 직업만으로 완성될 수 없는 것이다. 꿈을 크게 가지라는 건 단순히 돈 잘 벌고 사람들에게 인정받는 직업을 얻으라는 의미가 아니다.

📚 직업은 인생의 목적이 될 수 없다

꿈을 정했다는 아이들도 드라마 작가, 영어 선생님 같은 직업을 말한다. 직업은 미래의 한 부분이 될 수는 있겠지만 내 인생 전체를 아우르는 꿈이 될 수는 없다. 직업은 먹고사는 수단이다. 시대의 흐름에 따라 사람들의 인정을 더 받고 덜 받는 직업이 있기는 하겠지만 그 직업의 획득 여부를 인생의 목적으로 삼을 수는 없다. 과거 우리나라의 대표적 직업의 변천을 보면 왜 그런지 끄덕이게 될 것이다.

한국 사회 각 시대별 대표적 직업의 변천

시대	직업
1950년대	물장수, 얼음 장수, 전차 운전사, 은행원, 교사, 전화 교환원, 군인, 경찰, 단순노무자, 간호사, 숯쟁이, 굴뚝 청소원, 라디오 조립원 등
1960년대	전차 운전사, 고물장수, TV 조립원, 회사원, 타이피스트, 스튜어디스(에어걸), 은행원, 공무원, 공장 근로자, 탤런트 등
1970년대	공작 기계 제조원, 전당포 업자, 건설 현장 노동자, 버스 안내양, 대기업 직원, 금융계 종사자 등
1980년대	워드프로세서 조작원, 컴퓨터 프로그래머, 반도체 제조원, 백댄서(back dancer), 컴퓨터 조립원, 연예인, 광고 기획가, 카피라이터, 프로듀서, 통역사, 속기사, 운동선수 등
1990년대 이후	외환 딜러, 선물 거래사, 펀드매니저, 웹마스터, 웹디자이너, 인터넷 방송 기획자, 전자상거래 전문가, 벤처기업가, 운동선수 등

1970년대에는 버스 안내양이나 건설 현장 노동자가 시대를 대표하는 인기 많은 직업이었다. 당시에는 그 직업을 '꿈'으로 여겼던 청소년들도 많았을 것이다.

1980년대에는 워드프로세서 조작원이 아주 인기 많은 직업으로 존재했었다. 개인용 컴퓨터가 보급되기 전이니 컴퓨터라는 기계를 만질 수 있는 사람들은 모두 고급 인력이었고 워드프로세서를 조작하는 일은 지금의 번역가처럼 아무나 할 수 없는 일이었던 것이다.

그러나 빌 게이츠라는 혁신가가 나타나고 책상마다 컴퓨터가 올라오면서 워드프로세서 조작은 누구나 할 수 있게 되었다. 워드프로세서 조작원들은 수입이 점점 줄어들어 다른 일자리를 찾아야 했고 그 직업을 꿈꾸었던 사람들도 졸지에 꿈을 잃었다.

공장 근로자처럼 과거에는 모두가 선망하는 직업이었지만 시대가 변하면서 인기가 없어진 직업도 있다.

이렇게 직업은 가변적이다. 기술이 변하고 사람들의 인식이 변하면서 없어지는 직업도 있고 새로 생겨나는 직업도 있다. 변하는 게 세상뿐인가? 세상은 가만히 있더라도 내가 변한다.

초등학교 때는 스튜어디스가 되고 싶었다가 중학생이 되니 고고학자에 흥미가 생기고 그래서 사학과에 진학하고는 졸업 후에 대기업이라는 이유로 고고학자와 상관도 없는 유통 회사에 취직하기도 한다. 유통업에서 전문가로 활동한다고 해서 끝이 아니다. 직장을 옮길 수도 있고, 사고로 직업을 잃을 수도 있으며 퇴직 후에는 또 다른 일거리를 찾아야 한다.

그러니 직업의 나열만으로는 꿈을 완성할 수가 없다. 직업의 본질은 생계유지라는 점을 명심하자(많은 사람들이 돈 잘 버는 직업을 우선시하는 이유는 넉넉한 생활을 꿈꾸기 때문이다). 직업은 언제라도 바뀔 수 있지만 그렇다고 꿈이 없어지거나 무너지는 것은 아니다. 내 인생을 포괄하는 꿈은 내가 소중히 여기는 가치가 담겨야 하며 직업은 그 흐름 안에서 수행되는 노력이다.

📚 내 삶의 가치를 고민하자

내 인생을 꿈꾼다는 것은 곧 나의 가치관을 정립해나간다는 것과 같다. "네 가치관은 뭐니?"라고 물었을 때 한 번에 대답할 수 있는 중학생이 몇이나 있을까? 어른들도 쉽게 대답하지 못한다. 한 번도 생각해보지 않았거나 생각하다 그만두었거나 그런 심오한 내용에 관심이 없었기 때문이다.

지금부터 자신의 가치관이 무엇인지 고민하자. 그렇지 않으면 그냥 살아지는 대로 살게 된다. 적당히 좋은 삶은 먹고사는 문제를 해결하는 것으로 충분하지만 위대한 삶을 이루기 위해서는 가치관이 필요하다. 우리가 꿈꿔야 하는 삶은 위대한 삶이다. 잘릴 염려 없는 안정된 직장에 머물러서는 안 된다는 말이다. 가치관은 어느 날 갑자기 생기는 것이 아니므로 내 삶이 어떤 방향으로 나아가야 할지 늘 염두에 두고 가꿔나가야 한다.

가치관을 묻는 질문이 딱딱하고 어렵다면 내가 좋아하는 단어를 생각해보는 방법이 좋다. '나는 뭘 하는 사람이 될까'가 직업에 대한 고민이라면 가치에 대한 고민은 '나는 어떤 사람이 될까' 혹은 '나는 어떻게 사는 사람이 될까'다. 그래서 답이 한 단어로 똑 떨어질 수가 없다. 아무리 단순해도 '착한 사람'이나 '존경받는 사람'같이 최소한 두 단어 이상으로 답해야 한다.

📚 직업과 가치의 연결

'존경받는 사람'이 되기를 원한다면 직업이 무엇이든 그런 삶을 이루며 사는 게 꿈을 이루는 삶이다. 그것이 '내가 생각하는 나의 성공'이다. 대통령이든 UN 총장이든 아무리 훌륭한 직업을 거쳤더라도 존경받지 못했다면 꿈을 이룬 게 아니라는 것이다. 존경받는 사람이 되려거든 지금부터 존경받는 삶을 실천해야 한다. 공부든 인성이든 친구들로부터 내 가치를 인정받고 후배들로부터는 따르고 싶은 선배라는 평을 듣도록 해야 한다. 그렇게 꿈은 지금부터 이루어지는 것이다.

직업은 흥미와 적성, 학과 선택 등 여러 가지를 고려해 선택하면 된다. 그래서 영어 선생님이 되기로 결정했다면 그냥 월급만 받는 선생님이 아닌 존경받는 선생님이 되기 위해 애써야 한다.

영어 선생님을 하다가 퇴직을 하면 관광 가이드나 번역가로 직업을 바꿀 수도 있다. 직업이 바뀌어도 '존경받는 사람'이라는 인생의 가치에는 변함이 없다. 존경받는 가이드나 번역가가 된다면 나는 나다운 성공을 이루는 것이다. 이렇게 꿈과 직업을 구분하고 연결하자.

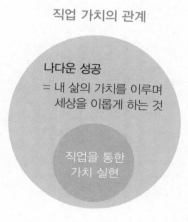

직업 가치의 관계

나다운 성공
= 내 삶의 가치를 이루며
세상을 이롭게 하는 것

직업을 통한
가치 실현

아이들에게 '나는 어떤 사람이 될까?'의 답이 되는 '가치 단어'를 써보라고 하면 쉽게 펜을 들지 못한다. 평소 자주 쓰는 단어가 몇 개 되지 않을 뿐 아니라 내 인생의 가치를 담을 만한 의미를 가진 단어가 무엇일지 막막하기 때문이다. 무작정 가치 단어를 머릿속에 떠올리는 것보다 여러 가지 단어들 중에 고르면 훨씬 수월하다.

가치 단어 예

정직	명예	성실	신중	평화
친절	감사	공평	약속	열정
행복	현명함	믿음	양심	재미
용기	겸손	이해심	자신감	기쁨
배려	사랑	보람	예의	의리
책임	봉사	결단	평정	건강
유머	인내	모험	배움	센스
성장	끈기	우정	절약	재치
원칙	긍정	경청	자유	리더십
지혜	감동			

- 이 중에서 골라도 좋고 좋아하는 단어가 없다면 새로 써넣어도 좋다.
- 처음부터 단 하나를 고르는 것보다 먼저 열 개를 고르고 그 다음 다섯 개로 간추린 후 다시 두세 개로 줄여나가는 방법이 좋다.
- 가치 단어를 골랐다면 희망 직업과 연결하여 '나는 재치 있는 드라마 작가가 될 것이다'라는 식의 문장을 써보도록 하자. 희망 직업이 분명하지 않은 경우에는 자신의 이름을 넣어 '나는 지혜로운 삶을 사는 김강우가 될 것이다'라고 인생 목표를 표현해보면 좋다.

나는 추구하는 가치 하는 직업 이다.

예) 나는 학생들에게 긍정의 에너지를 충전해주는 교사다.

03. 부모님의 기대가
너무 커요

아나운서, 외교관, 과학자 등 겁도 없이 꿈을 말했던 어린 시절이 지나고 중학교에 들어와 성적표를 몇 번 받다 보면 꿈을 말하기가 두려워진다. 그 꿈을 이루려면 얼마나 공부를 잘해야 하고 많이 해야 하는지 알아버렸기 때문이다. 하지만 부모님은 아직도 나를 어린 시절의 꿈쟁이로 바라보신다. 가뜩이나 공부가 안되는 중2들에게 부모님의 기대는 얼마나 부담스러운지 모른다. 한 학생의 고민을 들어보자.

"부모님은 어릴 때부터 저에게 꼭 의사나 법관이 되라고 하셨습니다. 대리 만족이죠. 요즘 세상에 이런 구닥다리 부모님이 있을까요? 초등학교 때는 정말 그래야 되는 줄만 알았습니다. 친구들도 다 저와 비슷한 꿈을 꾸는 줄 알았죠. 의사나 법관이 가장 좋은 직업이라고 생각했어요. 중학생이 되고 요즘 제 성적을 보면 기가 막힙니다. 의대 갈려면 수학도 잘해야 하는데 저는 문과 갈 거고요. 요즘 법관 되려면 법학대학원 가야 한다는데 그렇게까지 열심히 공부하고 싶지 않아요. 지금까지 부모님이 시키는 대로 공부만 한 게 억울합니다. 부모님이 살라는 대로 살면 저는 왜 태어난 건가요?"

📚 진로에 대한 고민은 부모로부터 자유로워야 한다

이 학생은 부모님과 거의 말을 하지 않는다. 부모님이 진로나 성적에 대한 이야기를 꺼내는 게 싫어서다. 하지만 부모님은 자신들의 바람이 자녀를 세뇌해왔다고는 상상도 못하고 있었다. 의대나 법대를 강조했던 것은 아이가 초등학교 때 부모님의 말씀대로 의대나 법대에 간다고 이야기를 했기 때문이란다.

자녀는 부모님과 대화가 단절된 상태에서 혼자 부모님을 원망하고 있었으니 부모님은 아이의 반항이 어리둥절할 수밖에 없다. 더욱 안타까운 것은 이 학생이 부모님의 기대를 부담스러워하느라 정작 자신이 원하는 미래는 어떤 것인지 꿈꾸지 못하고 있다는 점이다.

진로에 대한 가족 간의 갈등은 생각보다 흔하다. 진로를 고민하는 거의 모든 학생들은 부모님이 실망하실 거라는 말을 빼놓지 않는다. 그러나 진로에 대한 고민은 부모로부터 자유로워야 한다. 내가 그 진로를 택했을 때 '부모님이 기뻐하실까?'보다

'내 인생이 더 가치 있어질까?'를 고민해야 한다. 그것은 부모님의 뜻을 거역하는 것도 아니고 불효도 아니다.

📚 내 미래에 대한 생각을 키우자

사춘기의 청소년들이 부모님의 큰 기대에 반항하는 이유는 두 가지다. 하나는 큰 기대에 비해 현재의 내 모습이 비참하기 때문이고 다른 하나는 나의 의사와 상관없이 부모님 마음대로 내 미래를 정해버리는 게 싫어서다. 위 사례의 학생이 부모님께 "왜 내 꿈을 부모님이 정하세요? 내가 하고 싶은 걸 하면서 살아야 하는 것 아니에요?"라고 물었을 때 부모님의 대답은 간단했다. "그럼 네 꿈은 뭔데?"

학생은 답을 할 수가 없었다. 초등학교 때까지는 아무렇지 않았던 부모님의 기대가 내 미래에 대한 간섭으로 여겨진다면 내가 부모로부터 독립된 인격체로 커가고 있다는 신호다. 이제 나의 생각이 컸으니 내 꿈에 대한 생각을 정립해나가면 된다. 부모님 말만 듣고 지금까지 내 꿈을 꿀 생각조차 못했던 것은 매우 안타까운 일이다.

누가 뭐라고 해도 내 인생은 내가 만들어가는 것이다. 아무리 부모라도 내 안에서 나온 동기가 아니라면 의사나 법관이 된들 그 직업인으로 행복하게 살아가지 못할 것이다. 나의 직업이 어떻든 내 나름의 방법으로 부모님을 사랑하고 효도할 수 있다.

내가 생각하는 내 미래는 무엇인가? 부모님과 진로 갈등을 겪는 학생들은 보통 부모님이 좋아하는 진로를 처음부터 후보에서 제외한다. 반감과 미움 때문에 내 가능성의 한 부분을 파버리는 것이다. 바람직하지는 않지만 겪어본 사람이 아니면 함부로 말할 수 없는 감정인 듯하다. 지금 당장 어찌할 수 없는 감정의 골이다. 살다 보면 누구나 겪을 수 있는 일이라고 생각하자. 시간이 흘러 다시 회복될 수 있기를 바란다.

📚 부모님이 나의 진로를 막고 있다는 생각에서 벗어나자

나만의 인생을 꿈꾸는 데 가장 큰 장벽은 무엇일까? 법관과 의사를 줄기차게 요구하는 부모님? 부모님은 내 뜻을 말하고 설득하면 그만이다. 설득이 안 되면 그냥 내가 원하는 진로를 택해버리면 그만이다.

가장 큰 장벽은 '부모님이 자신의 진로를 막고 있다는 생각'이다. 어떤 학생은 '부모님' 대신 '가난'이나 '성적'을 말하기도 할 것이다. 하지만 그 무엇이든 실제로 그 장애물이 가로막고 있는 정도보다 내가 가로막혀 있다고 생각하는 정도가 더 크다. 그래서 결국 내 생각에 진짜 가로막혀버리고 만다.

내 삶은 누구에 의해 살아지는 인생이 아니다. 10년 후에도 '부모님 때문에 내가 마음껏 꿈을 이루지 못했다'고 말할 것인가? 누구나 청소년기에는 다양한 이유로 자신의 진로를 정확하

게 설계하지 못한다. 그러니 남보다 못할 것도 없고 불리할 것
도 없다. '부모님 때문에'라는 감정을 오래 간직할수록 출발하지
못하고 서있는 시간이 길어진다. 어서 털어버리자. 부모님 생각
은 접어두자. 내가 바라는 내 인생을 그려나가기만 하면 된다.

04. 소질 = 하고자 하는 마음

"좋아하는 것, 잘하는 것을 저 스스로가 잘 모르고 있어서 진로를 정하지 못해 고민입니다."

"제가 무엇에 소질이 있는지, 어떤 직업을 가져야 할지 너무 막연합니다."

"저는 특별히 잘하는 것도 없고, 꼭 하고 싶은 것도 없어서 너무 답답합니다."

진로를 고민하는 학생들은 좋아하는 것도 잘하는 것도 없는 자신을 답답해한다. 어떤 분야에 뚜렷한 소질을 보이거나 뭐라도 좋아 죽는 것이 하나 있다면 그것을 택할 텐데 도무지 그렇지 않다는 것이다. 하지만 정말 어떤 부분에도 소질이 없는 걸까? 그렇지 않다. 누구나 잘하는 것이 있고 좋아하는 것이 있다. 그런데도 우리가 알아채지 못하는 이유는 그것이 똑 부러지게 과목이나 직업의 분류로 드러나지 않기 때문이다. 또한 사회에서 성공하기 유리하거나 돈이 되는 능력만 소질이라고 부르는 경향이 있기 때문이기도 하다.

📚 소질＝하고자 하는 마음

감미로운 시로 유명한 원태연 씨가 MBC 〈무릎팍도사〉에 출연한 적이 있었다. 시인인 줄만 알았더니 시나리오 작업을 하고 작사도 하고 영화감독까지 한다는 이야기가 오가고 있었다. 진행자인 강호동 씨가 내가 궁금해 했던 것을 대신 질문해 주었다.

"모두 감성이 필요한 일이기는 하지만 분야마다 전문성이 필요하고 감각이 있어야 하는 것 아닙니까? 특히 영화는 영상이나 음향을 만드는 기술을 배우고, 배우들 연기 지도도 해야 하고. 편집에 대한 공부도 많이 해야 할 텐데 어떻게 영화감독의 일을 해낼 수 있었나요? 원래 소질이 좀 있었습니까?"

원태연 씨는 질문을 듣고 감성인다운 그러나 매우 정확한 한마디를 내놓았다.

"소질은 곧 하고자 하는 마음이라고 생각합니다."

지금 우리는 어떤 진로든 선택하고 시작하기 위한 고민을 하고 있다. 거기에도 소질이 필요하기는 하겠지만 더욱 중요한 것은 그 분야에서 오랫동안 능력을 발휘하는 것이다. 한 전문가는 이런 말을 했다.

"저는 중고등학교 때부터 능력이 탁월했습니다. 늘 칭찬을 받았고 어린 나이에 상도 많이 받았어요. 남들은 노력해서 겨우 한다는데 저는 대충 쉽게 해도 남들보다 잘했습니다. 그래서 일찍 일을 시작했어요.

그런데 그 분야에 들어가서 보니 저 같은 사람이 수두룩한 겁니다. 제가 최고인 줄 알았는데 그게 아니었어요. 타고난 것 같았던 소질도 전문가가 될수록 무의미해집니다. 점점 더 필요해지는 것은 소질이 아니라 그 분야의 일을 좋아해야 한다는 거예요. 그래야 오랫동안 그 일을 할 수 있고 오래 하다 보면 자연스럽게 남들보다 잘하게 되죠."

선천적인 노래 실력, 운동 능력 등 눈에 띄는 소질을 가진 사람들도 있다. 하지만 그들이 노래나 운동을 하고 싶어 하지 않는다면 그 재능은 의미가 없다. 하지만 노래를 좋아하고 운동을 좋아하는 사람은 그 분야의 일을 할 수 있다. 노래 실력, 운동 능력이 없어도 음반 제작자나 스포츠 마케터 같은 전문가가 될 수 있는 것이다.

📚 좋아하는 것 VS 잘하는 것

좋아하는 것과 잘하는 것 중 어느 것의 힘이 더 셀까? 연구 결과에 따르면 하고자 하는 마음이 있는 사람과 없는 사람의 성과는 1,500퍼센트의 차이가 난다고 한다. 이 정도면 하고자 하는 마음이 있다는 것만으로도 저 앞의 출발선에 서 있는 것과 같다고 할 수 있다.

그런데 가만히 생각해보자. 잘하는 것에는 미묘한 함정이 있다. '남들보다' 잘하는 것이라는 의미가 숨어있는 것이다. 이는 수치화할 수 있는 기준을 전제로 한다. 그 기준에 맞게 출력되지 않으면 '남들보다' 못하는 것이 되어버린다. 반면 정해진 기준에 맞게 발현되면 잘하는 것으로 판명된다. 그러니 속지 말자. 지금 내 머릿속에 있는 잘하는 것과 못하는 것은 진짜가 아니다. 내 실력을 결정하는 유일한 판단 기준은 '내가 좋아하는가?'여야 한다.

좋아하면 그것으로 충분하다. 좋아하면 잘하게 되고 잘하면 더욱 좋아하게 되니 둘을 갈라서 비교할 수는 없다. 진로를 두고 좋아하는 것과 잘하는 것 중 무엇을 택할지 고민하는 학생들을 많이 보는데, 정확한 답을 얻으려거든 '둘 중 어느 것을 더 좋아하는가?'로 고민의 방향을 바꾸어야 한다. 좋아하는 것을 할 때의 몰입과 즐거움은 의지와 노력으로 따라올 수 없다. 좋아하지 않고는 한 분야에 10년 이상 몸담기 어려우며, 한 분야에 10년의 정성을 쏟지 않고는 실력자가 될 수 없다.

📚 좋아하는 마음이 능력을 만든다

200명의 성공한 리더들을 연구한 벤자민 블룸 교수는 성공한 리더들의 공통점을 '하고 싶은 것을 한 사람'이라고 했다. '하고 싶다'는 것은 소질과 상관없이 엄청난 에너지를 낸다는 것이다. 같은 맥락의 연구가 또 있다. 미국의 교육학자 콜린스와 슈엘은 흥미와 호기심이 학습에 어떠한 영향을 미치는지 실험했다. 그는 실험 대상인 학생들을 네 그룹으로 나누었다.

A그룹 : 독서 능력이 뛰어나고 야구에 관심도 많은 학생들
B그룹 : 독서 능력은 뛰어나지만 야구에 관심이 없는 학생들
C그룹 : 독서 능력은 낮지만 야구에 관심이 많은 학생들
D그룹 : 독서 능력이 낮고 야구에 관심도 없는 학생들

이 학생들에게 야구 경기에 대한 글을 읽게 한 후 어떤 그룹이 내용을 가장 잘 기억하는지 비교했다. 당연히 가장 기억을 잘한 그룹은 A그룹이다. 그 다음이 흥미로운데 A그룹 다음으로 뛰어난 기억력을 보인 아이들은 독서 능력이 뛰어난 B그룹이 아니라 야구에 흥미가 높은 C그룹이었다. C그룹의 결과는 A그룹과 거의 차이가 없었다.

이 정도면 흥미도가 곧 능력이라고 해도 과언이 아니다. 우리 뇌는 매우 복합적으로 작동하기 때문에 한 부분이 약하면 다른 부분이 약한 부분을 보완한다. 야구를 좋아한다고 해서 없었던 독해, 언어, 논리력이 갑자기 생기는 것은 아니다. 그렇지만 야구와 관련된 사고를 하는 두뇌의 다른 부분들이 문맥을 이해하

고 내용을 기억하는 작용에 간섭하는 것이다. 결국 겉으로 드러나는 결과는 독해, 언어, 논리력이 뛰어난 사람들과 차이가 나지 않는다. 야구를 '좋아한다', '하고 싶다', '알고 싶다'는 간절함 앞에서는 낮은 독서 능력도 전혀 문제가 되지 않았던 것이다.

📚 평소 나의 행동에 답이 있다

이쯤 되면 '소질이 곧 하고자 하는 마음'이라는 것이 그냥 격려로 하는 말이 아니라는 것을 알아야 한다. 당장 내가 좋아하는 것이 무엇인지 생각해보자. 평소 무언가 시간 가는 줄 모르고 몰입하는 일들이 있다면 그것이 힌트다. 좋아하는 일을 해본 적은 없지만 좋아하는 일의 요소를 가진 일들은 일상생활 중에서도 많기 때문이다. 예를 들어 한 학생이 적은 '내가 좋아하는 것'의 목록을 보자.

언뜻 보면 평범하기 짝이 없는 목록들이지만 가만히 들여다보면 이 학생의 역량이 보인다. 사람을 좋아하고 새로운 것에 거부감이 없다. 아기자기한 것과 영화, 텔레비전을 좋아하는 것으로 볼 때 감수성이 풍부한데 꼼꼼한 정리 능력이 있다 보니 수집하는 취미를 가지게 되었다. 무언가 배우는 것에도 능동적인데 역시 정리 능력이 결합되어 노트 정리를 하거나 체계적으로 설명하는 방법을 좋아한다. 놀라운 것은 이 모든 행동들을 자신이 좋아서 한다는 것이다.

* 내가 좋아하는 것

1. 독서
2. 요리
3. 다이어리 예쁘게 꾸미기
4. 자료 정리
5. 노트 정리
6. 편지 쓰기
7. 달리기, 줄넘기 등 운동
8. 영화 감상
9. 방정식 풀기
10. 토익 공부
11. 친한 친구와 이야기하거나 친구의 이야기를 들어주는 것
12. 글짓기(어떤 주제에 대하여 나의 주장을 펼치는 것)
13. 청소(걸레 빨기)
14. 새로운 것이나 이제껏 접해 보지 못했던 것을 배우는 것
15. 서점 가는 것(서점을 가면 항상 기분이 좋다)
16. 걷기
17. 재미있는 TV 프로그램 시청
18. 부모님 기쁘게 해드리기(안마, 심부름 등)
19. 아기자기한 장식품 모으기
20. 종이접기
21. 사람들에게 내가 알고 있는 것을 자세하게 설명해주는 것

이 학생은 생물학에 관심이 많았는데 대학에서 생물학을 전공한 후 의학전문대학원에 가서 의사가 되면 좋겠다고 했다. 나는 이 학생에게 '의사'라는 직업에만 탐을 내지 말고 희귀 질병에 대해 관심을 가져보라고 했다. 새로운 것을 배우기 좋아하는 성격은 남들이 관심을 덜 가지는 분야에서 성과를 내기에 유리하기 때문이다.

희귀 질병에 대한 치료법 연구는 인류에 기여하는 바도 크다. 40대 중반 이후에는 교수님이 되어 학생들을 가르치는 일을 해

도 좋을 것이다. 자료 정리를 좋아하니 그동안 연구한 질병에 대한 자료를 후학들에게 물려준다면 누구보다 존경받지 않겠는가? 더구나 누군가에게 자신이 아는 것을 설명하기 좋아하는 기질을 발휘할 수 있으니 좋다. 멋지지 않은가? 이처럼 누구나 인생의 매 시기마다 가장 좋아하는 일을 하며 온 인류에 기여할 만한 성과를 낼 수 있다.

내가 평소 좋아하는 행동들에는 내 고유의 에너지, 힘들이지 않고 남들보다 잘해낼 수 있는 에너지가 포함되어 있다. 그것은 우주가 나에게 준 선물이다. 잘 키워서 먹고사는데 보태고 남들에게 도움도 주라는 신의 배려다. 당장 메모지를 꺼내자. 내가 무엇을 좋아하는지, 어떤 것을 하며 시간 가는 줄 모르고 몰입하는지 적어보자.

05. 하고 싶은데 자신이 없어요

　겨울방학을 앞둔 어느 날 김해의 한 중학교에 강의를 하러 갔었다. 기말고사도 모두 끝나고 학년을 마무리할 때니 홀가분하게 이런저런 이야기를 나누기에 참 좋았다. 공부와 진로, 인생, 나에 대한 이야기까지 아이들이 의미 있게 들을 수 있는 내용들로 강의를 진행했다. 강의를 마치고 나니 아이들이 사인을 해달라며 우르르 쏟아져 나왔다. 한 명 한 명 이름을 물으며 사인을 해주었다. 긴 줄의 맨 끝에는 일부러 꼴찌가 되려는 듯 멀찌감치 떨어져서 기다리던 여학생이 있었다.

　"선생님, 뭐 물어봐도 되요?"

　"그래."

　"저는요, 수학교육과에 가고 싶은데요. 선생님을 하기는 싫어요."

　"그러면 왜 수학교육과에 가니? 그냥 수학과에 가지."

"아…… 그런가?"

사인을 하며 무심코 이야기를 하다가 머뭇거리는 아이의 음성에서 뭔가 민망함이 느껴져 얼굴을 바라봤다. 진지함과 부끄러움이 함께 있는 표정이었다. 궁금한 게 마음속에 있으면서도 강의 중 질의 응답 시간에는 차마 손을 들지 못하고 있다가 사인이 다 끝나기를 기다려 마지막에 겨우 입을 연 모양이었다. 이렇게 말이 끊기면 아이는 어렵게 연 입을 다물어버릴 터. 나는 다시 대화를 이어가야겠다고 생각했다.

"왜 선생님이 하기 싫은데?"

"앞에 나가는 게 무서워요. 발표할 때도 너무 떨리고……."

여기까지 말해 놓고 아이는 눈물이 날 듯 목소리가 떨렸다.

"왜 그럴까? 틀릴까봐?"

"……."

입을 열면 눈물이 터져버릴 듯 아이는 힘을 주어 입술을 다물고는 고개로만 답했다.

"언제 발표하다 틀린 적이 있었니?"

"중1 때요."

"어땠는데?"

"……."

아이는 또다시 입술에 힘을 주어버렸고 아이의 절친인 듯 내내 옆에 서 있던 친구가 대신 답해 주었다.

"무슨 발표를 그렇게 하냐고 선생님이 얘한테 막 뭐라 그랬어요. 애들도 다 웃고."

그 사건 이후 아이는 앞에 나가는 것, 사람들 앞에서 발표하는 것을 두려워하게 된 것이다. 모든 사람들이 날 보고 웃는 것 같은 부끄러움, 그대로 서서 엉엉 울고 싶은 불안함, 내 힘으로 어찌할 수 없는 그 상황의 답답함이 수학 선생님이 되고 싶다는 꿈까지 흔들어 버린 것이다.

비슷한 사례들이 참 많다. 학생들은 하고 싶은 것, 되고 싶은 것이 있으면서도 '내가 잘 할 수 있을까?' 하며 머뭇거린다. 특히 중2는 성적에 자신이 없어지는 시기여서 꿈을 꾸는 것에 대한 두려움도 크다.

📚 지금의 나와 미래의 나는 다르다

이런 망설임은 지금의 내 모습이 앞으로도 계속될 것이라는 전제 때문에 생긴다. '이 성적으로 선생님이 될 수 있을까?', '남들 앞에 나서지도 못하는 성격인데 학생들을 가르칠 수 있을까?' 같은 생각이 드는 것이다. 하지만 그렇지 않다. 사람은 성장하고 상황은 변한다.

"네가 앞에 나갈 때마다 떨리는 건 평가를 받는다는 생각 때문이야. 지금은 어쩔 수 없지. 학생이니까 친구들, 선생님 앞에서 평가를 받는 건 당연해. 하지만 네가 가르치는 입장이 되면 달라. 동생이나 친구한테 모르는 문제를 설명하면서 벌벌 떨었던 적 있어? 없잖아. 나중에 선생님이 되면 학생들 앞에 서게 되겠지만 그때는 네가 학생들보다 나이도 많고 아는 것도 많아져. 또 평가받는 게 아니라 가르치는 입장이 되니까 하나도 떨리지 않을 거야. 오히려 너처럼 긴장하는 학생들을 더 잘 격려해줄 수 있지 않겠니?"

그 학생은 기대했던 대답을 듣기라도 한 양 고개를 끄덕이며 또 울었다. 청소년기는 마음과 성격, 외모까지 어리숙한 시기다. 그러니 지금 내 모습으로 꿈을 이룬다는 것은 불가능하게 느껴질 수밖에 없다. 하지만 10년, 20년 시간이 흐르면서 자연스럽게 해결되는 것들이 많다. 그 동안 내가 해야 할 노력을 성실히 해내기만 한다면 내 꿈은 분명 생각했던 것보다 더 멋지게 이루어질 것이다.

📚 앞으로 해야 할 노력에 겁먹지 말자

청소년들이 꿈을 망설이는 이유는 또 있다. 그 꿈을 이룰 만큼 열심히 할 수 있을지 자신이 없다는 것이다.

'저는 외교관이 되는 게 꿈이에요. 그런데 외교관 되는 게 진짜 어렵다고 들었어요. 영어도 원어민 수준으로 해야 되고 경쟁도 심하다고요. 엄마는 공부도 잘해야 하니까 지금부터 열심히 하라고 그러시는데, 제가 그렇게 할 수 있을까요?'

외교관이든 무엇이든 꿈을 이루기 위해 필요한 많은 노력들을 한꺼번에 하려고 하면 엄두가 나지 않는다. 매일, 매 순간의 노력들이 쌓여 꿈이 이루어지는 것이다. 김연아 선수의 어머니가 했던 말 중에 이런 내용이 있다.

"피겨를 그만둘 생각을 할 때가 한두 번이 아니었어요. 돈도 많이 들고 연습할 스케이트장을 찾아 이리저리 옮겨다녀야 하고 체력이 바닥나서 더는 버티지 못할 것 같더라고요. 초등학교 6학년 땐가 큰 시합을 앞두고 그 경기만 마치면 그만두자고 연아랑 이야기를 했죠. 코치님께도 그렇게 말씀드렸고요.

그렇게 마음을 비우고 마지막 경기를 하는데 연아가 너무 잘한 거예요. 성적도 잘 나오고 실력도 부쩍 는 게 보이더라고요. 그대로 끝내기가 아쉬워서 그냥 조금 더 탔어요. 그렇게 지금까지 온 거예요.

후배 엄마들이 물어볼 때가 있어요. 힘들어 죽겠다고. 우리 애는 언제 연아처럼 되냐고요. 먼 미래를 바라보면 힘들어서 못해요. 당장 오늘 해야 할 연습, 다음 주에 있을 경기에만 집중해야죠. 그렇게 하다 보면 한 해 두 해 흘러가고 어느새 꿈이 이루어져 있는 거예요."

우리도 마찬가지다. 그 많은 공부, 원어민 수준의 영어 실력, 치열한 경쟁. 이런 것들은 내가 외교관이 되었을 때 갖추게 될 최종 모습이다. 이것들을 지금 걱정하고 있으면 힘들어서 못 한다. 지금은 당장 오늘 외워야 할 단어, 다음 주에 있을 쪽지 시험에만 집중해야 한다. 그 노력들을 성실하게 해냈을 때 점점 꿈이 가까워지는 것이다.

꿈을 두려워하지 말자. 자신감은 노력한 만큼 생기는 법이다. 꿈에 대한 자신이 없다면 오늘 해야 할 공부를 열심히 해보자. 마음속에 꽉 차는 뿌듯함. 이 뿌듯함을 매일 경험하는 것이 꿈을 이루는 가장 정확한 방법임을 명심하자.

부록

〈문 · 이과 통합형 교육과정〉
알아보기

〈문·이과 통합형 교육과정〉 알아보기

"우리가 고등학교에 가면 문·이과도 없어지고 교육과정이 달라진다는데 뭘 어떻게 준비해야 할지 모르겠어요."

"첫 시간부터 담임선생님이 너희들은 고등학교 가면 큰일 난다고 선배들보다 더 공부를 열심히 해야 한다고 겁을 주셨어요."

"학교 선생님께 여쭤봐도 잘 모르더라고요. 학원에선 문과 애들도 수학, 과학 공부를 더 해야 하고, 이과 애들은 한국사, 사회 과목까지 잘해야 하는 거래요."

"괜히 학원비만 더 드는 거 아닌지 모르겠어요."

2016년에 중2인 학생들이 고등학교에 입학하는 2018학년도부터 문·이과 통합 교육이 실시된다. 바뀐 교육과정의 대상이 되는 학생들은 문·이과 통합교육이 무엇인지, 어떻게 공부를 해야 하는지 혼란과 불안이 가득할 수밖에 없다. 떠도는 소문이나 과장된 학원 광고에 휘둘리지 않으려면 이에 대해 제대로 알고 있어야 한다. 여기서는 〈문·이과 통합형 교육과정〉은 무엇이며 어떤 내용이 담겨 있는지, 아이의 공부는 어떻게 도와야 할지 함께 살펴보자.

■ 참고 자료: 2015 문·이과 통합형 교육과정 총론 주요 사항(교육부),
　　　　　　 2015 문·이과 통합형 교육과정 질의·응답 자료(교육부)

1. 〈2015 문·이과 통합형 교육과정〉이란

교육부의 정의에 따르면 〈2015 문·이과 통합형 교육과정〉은 '모든 학생들이 인문·사회·과학기술에 대한 기초 소양을 함양하여 인문학적 상상력과 과학기술 창조력을 갖춘 창의융합형 인재로 성장할 수 있도록 우리 교육을 근본적으로 개혁하고자 하는 교육과정'이다.

이를 위해 각 교과는 단편 지식보다 핵심 원리를 제시하고, 학습 내용 요소를 대폭 감축하여 토의·토론 수업, 실험·실습 활동 등 학생들이 수업에 직접 참여하면서 핵심 역량을 함양할 수 있도록 하고 과정 중심의 평가가 확대될 수 있도록 한다.

또한 어느 영역으로 진로·진학을 결정하든 문·이과 구분 없이 인문·사회·과학기술에 관한 기초 소양을 갖출 수 있도록 '공통과목'을 신설하고, 이후 진로와 적성에 따라 다양한 선택과목을 이수할 수 있도록 구성한다.

2. 현행 교육과정과의 차이점

개정되는 주요 내용을 정리하면 다음과 같다. 여러 가지 내용이 있지만 2018학년도 이후 고등학교에 진학하는 중학생들은 개정 교육과정에서 신설된 '과목 재구조화' 부분을 눈여겨보아야 한다. 학생들은 예전과 같이 문·이과로 구분되어 수업을 듣지 않으며, 공통과목을 이수 후 진로와 적성에 따라 다양한 과목을 선택하여 이수한다.

개정 교육과정 주요 내용

내용		주요 내용	
		2009 개정	2015 개정
추구하는 인간상		미래 사회에서 요구되는 핵심 역량 등 교육과정이 추구하는 인간상 제시	지식 정보 사회가 요구하는 창의융합형 인재 양성에 적합한 인간상 제시
공통	인문 소양 함양	심화 선택 '연극'	연극, 한자 교육 활성화와 교과별 인문 소양 함양 교육 강화
	SW 교육 강화	(초) 교과(실과)에 ICT 활용 교육 단원 (중) 선택교과 '정보' (고) 심화선택 '정보'	(초) 교과(실과)에 SW 기초 소양 교육 (중) 과학/기술·가정/정보 교과 신설 (고) '정보'를 일반선택과목으로 전환
	안전 교육 강화	교과 및 창체에 안전 내용 포함	초·중등학교 교육과정에 안전 교과 또는 단원 신설
	창의적 체험 활동 개선	자율, 진로, 봉사, 동아리 활동의 하위 영역	하위 영역의 현장 적합성 등에 대한 종합적 검토 (중) 학교 스포츠클럽 활동 운영 방안 개선 검토

공통	범교과학습 주제 개선	39개 범교과학습 주제	교과 학습 가능한 주제는 해당 교과 반영, 그 외 주제를 범주화하여 15개 내외로 감축
	NCS 과정	신설	NCS 직업 교육과정 신설 및 인간상 등에 반영
고	과목 재구조화	신설	**공통 및 선택과목으로 구성** 선택과목은 **일반선택과 진로선택으로 구분**
	국·수·영 비중 적정화	교과 총 이수 단위의 50%를 초과할 수 없음	**기초 교과**(국·수·영·한국사) 이수 단위 **제한 규정**(50%) 유지
	특목고 과목	보통교과 심화과목으로 편성	보통교과에서 **분리하여 전문 교과로 별도 제시**
중	자유학기제 편제 방안	신설	중학교 '교육과정 운영 지침'에 **자유학기제 교육과정 운영 지침 제시**
초	초1~2 수업시수	신설	**주당 1시간 증배**('안전 생활' 교과 신설)
	누리과정 연계	신설	**초등학교 교육과정과 누리과정의 연계 강화**
교과교육과정 개정 방향		개선	총론과 교과교육과정의 유기적 연계 강화
		개선	교과교육과정 개정의 기본 방향 제시 − 핵심 개념 중심의 학습량 적정화 − 핵심 역량 반영 − 학생 중심 교과교육과정 − 교과별 특성에 맞는 교과교육과정 재구조화
지원 체제	교과서	개선	**흥미롭고 재미있는 질 높은 교과서 개발**
	수능 및 대입 제도 교원	개선	**교육과정에 부합하는 수능 및 대입 제도 도입 검토** **교원 양성 기관 질 제고, 교원 연수 확대**

3. 문 · 이과 구분은 없어지는 걸까

제2차~제6차 교육과정까지는 일반계 고등학교에서 인문 과정, 자연 과정, 직업 과정 등으로 분리 · 운영하였으나, 제7차 교육과정('97.12.30.)부터는 학생의 진로와 관련한 엄격한 과정을 별도로 두지 않고 있다. 즉 현행 교육과정도 문과, 이과의 이원화된 구분은 하고 있지 않다는 말이다. 다만, 학교에서는 6차 교육과정까지의 운영 관습과 수능 등 대입 전형의 필요에 의해 문 · 이과의 과정을 나누고 있을 뿐이다.

문 · 이과 과정 구분 변화 과정

구분	편제
제2차(1966.2.14)	학생의 진로와 직업 선택에 따라 **인문 과정, 자연 과정, 직업 과정, 예능 과정**으로 구분하여 지도한다.
제3차(1974.12.31)	학생의 진로 선택에 따라 **2학년부터 인문, 자연, 직업 과정**으로 구분하여 편성한다.
제4차(1981.12.31)	일반계 고등학교는 학생의 진로 선택에 따라 **2학년부터 인문 · 사회 과정, 자연 과정, 직업 과정**으로 구분하며, 과정별 선택 과목을 두고, 직업 과정은 학생의 희망에 따라 무리하지 않게 운영한다.
제5차(1988.3.31)	일반계 고등학교는 **2학년부터 인문 · 사회 과정, 자연 과정 및 직업 과정**으로 구분하여, 각각 소정의 과목을 이수하게 한다.
제6차(1992.10.30)	보통 교육을 주로 하는 일반계 고등학교는 **2학년부터 인문 · 사회 과정, 자연 과정, 직업 과정 및 기타 필요한 과정**을 둘 수 있다.

제7차(1997.12.30)~ 2007년(2007.2.28)	일반계 고등 학교의 교육 과정에는 **학생의 진로와 관련한 엄격한 과정을 따로 두지 아니하며,** 개별 학생은 자신이 선택하여 이수한 과목들을 모아 자신의 과정을 만들어가는 것을 원칙으로 한다.
2009년(2009.12.23)	학교는 학생의 요구 및 흥미, 적성 등을 고려하여 진로를 적절히 안내할 수 있는 진로 집중 과정을 편성·운영하도록 한다.

이러한 추세라면 새 교육과정이 시작된 이후에도 1학년 때는 문·이과 구분 없이 공통과목 수업을 진행하고 2학년 이후 선택과목을 개설해 대학 진학 계열에 따라 차이를 두게 될 가능성이 높다. 단, 이전보다 필수 이수단위가 늘어나 학생 간 다른 수업을 듣는 비율은 줄어들 것으로 보인다.

4. 내가 고등학생이 되면 어떻게 공부할까

2016년에 중2인 아이들이 고등학생이 되는 2018년부터는 문·이과 구분 없이 기초 소양을 기르는 **공통과목**과 학생의 적성과 진로를 고려한 **선택과목**을 배우게 된다.

① 공통과목

공통과목은 학생들의 기초 소양 함양과 기초 학력 보장을 위한 것으로 모든 학생들이 고등학교 단계에서 배워야 할 필수적인 내용으로 한다.

※ 국어, 수학, 영어, 사회, 과학, 한국사를 공통과목으로 신설하되, 사회와
　과학은 통합사회와 통합과학으로 구성

　　공통과목은 해당 교과별 필수이수단위 범위 내에서 이수하게
되는데, 예를 들어 국어 교과의 경우 공통과목 '국어' 8단위를
이수하고, 선택과목에서 한 과목 이상을 선택하여 필수이수단
위 10단위 이상을 편성하는 것이다.

고등학교 단위 배당 기준(안)

현행			개정안			
교과 영역	교과(군)	필수이수 단위	교과 영역	교과(군)	필수이수 단위	공통 과목 (단위)
기초	국어	10	기초	국어	10	국어(8)
	수학	10		수학	10	수학(8)
	영어	10		영어	10	영어(8)
				한국사	6	한국사(6)
탐구	사회 (역사/도덕 포함)	10	탐구	사회 (역사/도덕 포함)	10	통합사회 (8)
	과학	10		과학	12	통합과학 (8) 과학탐구 실험(2)

체육 예술	체육	10		체육 예술	체육	10	
	예술 (음악/미술)	10			예술 (음악/미술)	10	
생활 교양	기술 · 가정/ 제2외국어/ 한문/교양	16		생활 교양	기술 · 가정/ 제2외국어/ 한문/교양	16	
소계		86		소계		94	
학교자율과정		94		학교자율과정		86	
창의적 체험활동		24 (408시간)		창의적 체험활동		24 (408시간)	
총 이수단위		204		총 이수단위		204	

② 선택과목

선택과목은 학생의 과목 선택권을 강화하고 단위학교 교육과정 편성 · 운영의 자율성을 고려하여, 심화된 학습과 학생 진로를 고려한 개인별 교육과정 운영이 가능하도록 일반선택과 진로선택으로 구분하여 수업한다.

교육부가 제시한 선택과목은 일반선택 51개, 진로선택 42개로 총 93가지다. 하지만 학교 현장에서 93가지 선택과목을 모두 개설하기는 불가능하며, 모든 학생이 각자 원하는 과목을 선택할 수 있는 것도 아니다. 실제로는 설문조사를 통해 수업할 과목을 몇 개 정해 개설하는 식으로 운영될 가능성이 크다. 선택과목이라고는 하지만 학생들은 학교가 정한 과목의 수업을 따르는 것이어서 개정교육과정의 취지를 체감하기는 어려울 듯하다.

◈ 고등학교 선택과목 구성(안)

- **(일반선택 과목)** 고등학교 단계에서 필요한 각 교과별 학문의 기본적 이해를 바탕으로 한 과목으로 선택 수능에 해당하는 교과의 경우 수능 대상 과목으로 권장
  ※ 기본 이수 단위는 5단위이며, 2단위 범위 내에서 증감 운영

- **(진로선택 과목)** 교과 융합학습, 진로 안내학습, 교과별 심화학습, 실생활 체험학습 등이 가능한 과목
  ※ 기본 이수 단위는 과목별 특성을 고려하여 다양하게 설정

고등학교 교과목 구성(안)

교과 영역	교과(군)	공통 과목	선택 과목	
			일반 선택	진로 선택
기초	국어	국어	화법과 작문, 독서, 언어와 매체, 문학	실용국어, 심화국어, 고전읽기
	수학	수학	수학Ⅰ, 수학Ⅱ, 미적분, 확률과 통계	실용수학, 기하, 경제수학, 수학과제 탐구
	영어	영어	영어Ⅰ, 영어Ⅱ, 영어회화, 영어독해와 작문	실용영어, 영어권 문화, 영미문학읽기, 진로영어
	한국사	한국사		
탐구	사회 (역사/도덕 포함)	통합사회	한국지리, 세계지리, 세계사, 동아시아사, 경제, 정치와 법, 사회·문화, 생활과 윤리, 윤리와 사상	고전과 윤리, 여행지리, 사회문제 탐구
	과학	통합과학, 과학탐구 실험	물리학Ⅰ, 화학Ⅰ, 생명과학Ⅰ, 지구과학Ⅰ	물리학Ⅱ, 화학Ⅱ, 생명과학Ⅱ, 지구과학Ⅱ, 과학사, 생활과 과학, 융합과학

체육 예술	체육		체육, 운동과 건강		스포츠 생활, 체육탐구	
	예술 (음악/미술)		음악, 미술, 연극		합창 · 합주, 음악감상과 비평, 미술창작, 미술감상과 비평	
생활 교양	기술 · 가정		기술 · 가정, 정보		농업생명과학, 공학일반, 경영일반, 해양과학, 가정과학, 지식재산일반	
	제2외국어		독일어 I 프랑스어 I 스페인어 I 중국어 I	일본어 I 러시아어 I 아랍어 I 베트남어 I	독일어 II 프랑스어 II 스페인어 II 중국어 II	일본어 II 러시아어 II 아랍어 II 베트남어 II
	한문		한문 I		한문 II	
	교양		철학, 논리학, 심리학, 교육학, 종교학, 진로와 직업, 보건, 환경, 실용경제, 논술			

5. 생소한 통합사회, 통합과학

통합사회와 통합과학은 공통과목으로 모든 학생이 배워야 하는 과목이다. 공통과목 6개 중 국 · 영 · 수는 늘 하던 것이고, 한국사는 점점 중요성이 강조되는 과목이어서 익숙하지만 통합사회와 통합과학은 생소하다.

지금의 수능 체제라면 국 · 영 · 수에 더해 계열에 맞는 선택과목 두 개를 더해 5과목만 공부하면 되는데, 새 교육과정에서는 인문사회계열에 진학하려는 학생들도 통합과학을 공부해야하며, 이공계에 진학하려는 학생들도 통합사회를 공부해야 한다. 신설되는 통합사회, 통합과학은 어떤 과목일까?

① 통합사회

- 통합사회는 초 · 중학교 사회의 기본 개념과 탐구 방법을
바탕으로 지리, 일반사회, 윤리, 역사의 기본적 내용을 대
주제 중심의 통합적 구성을 통해 사회 현상을 종합적으로
이해하는 과목이다.

- 특히, 복잡하고 급변하는 사회 현상에 대한 종합적 이해*
와 사회적 갈등 해결 능력 등을 함양하기 위해 토의 · 토론
학습, 프로젝트 학습, 탐구 학습 등 체험 중심의 다양한 수
업이 이루어질 수 있도록 구성한다.

> * 그동안 다양한 사회 과목을 수능 시험 위주로 선택 이수함으로써 지식
> 편식과 인문, 사회적 소양 부족에 대한 문제 제기가 지속됨

- 통합사회는 사회 현상을 통합적으로 이해할 수 있는 대주
제**를 선정하여 사회 현상의 특징, 사회 문제의 발생 원
인과 해결 방안, 자연과 인간 삶의 조화, 사회적 갈등 해결
방안 등을 모색할 수 있도록 할 예정이다.

> ** 인간 · 사회 · 세계를 바라보는 시각, 행복한 삶의 의미, 자연환경과 인간
> 의 삶의 관계, 정의와 사회 불평등, 시장 경제와 인간의 삶, 세계화와 인간
> 생활, 국제 분쟁과 평화, 미래와 지속 가능한 삶 등

② 통합과학

- 통합과학은 초·중학교 과학의 기본 개념과 탐구 방법을 바탕으로 현행 물리 I, 화학 I, 생명과학, 지구과학 I의 30 퍼센트 정도의 내용과 난이도로 재구조화하여 자연 현상을 통합적으로 이해하는 과목이다.
  - 이를 기반으로 자연 현상과 인간의 관계, 과학기술의 발달과 미래 생활 예측과 적응, 사회 문제에 대한 합리적 판단 능력 등 미래 사회에 필요한 과학적 소양 함양을 주요 학습 목표로 한다.

- 과목 구성 방안은 아래와 같다.
  - 자연현상과 관련된 통합 개념 이해와 미래 사회 대비 핵심 역량*을 반영한 대주제(big idea)** 중심의 융합형 수업 방식으로 개발한다.

> * 창의적·합리적 문제 해결력, 통합적·창의적 사고력, 비판성/개방성/정직성/객관성/협동성, 의사소통 능력
>
> ** 에너지와 환경, 신소재와 광물 자원, 우주, 태양계와 지구, 생명의 진화, 인류의 건강과 과학기술 등

  - 여러 분야 기초 개념의 융합과 동료 간 탐구 협업을 통해

새로운 가치 창출 및 역량 습득이 가능한 대주제 학습*, 학교 밖 현장 체험을 통한 실생활 학습**, 전통적인 과학 - 기술 - 사회 연계 STS 학습*** 등으로 구성할 예정이다.

---

* 현대 생활과 밀접하게 관련된 융합 · 복합적 주제(에너지, 물질, 생명, 우주 등)의 수준을 적정화하여 기술, 공학, 예술, 수학 등 다양한 교과와 관련지 어 이해함으로써 통합적 사고가 가능하도록 함

** 이론적 기초 지식들을 학습자의 선행 경험과 친근한 상황 속에서 학습 할 수 있도록 연계시킴

*** 사회적 문제에 대해 적극적으로 해결하려는 태도 및 합리적 가치 판단 력을 지닌 민주 시민으로 육성함

---

6. 중학 생활 동안 어떻게 공부해야 할까

① 버리는 과목이 없어야 한다

"너 문과 갈 거야 이과 갈 거야?"

"잘 모르겠어. 넌?"

"난 이과 갈 거야."

"왜?"

"사회 공부하기 싫어서. 어차피 고등학교 가면 사회 안 하니까 대충 해도 돼."

최근까지 흔히 오갔던 중학생들의 대화다. 하지만 이제는 이런 핑계가 통하지 않는다. 계열과 상관없이 통합 과목을 배워야 하기 때문이다. 통합사회 안에는 지리, 일반사회, 윤리, 역사가 포함되고 통합과학 안에는 물리, 화학, 생명과학, 지구과학이 포함된다. 중학교는 이 모든 과목들의 기초를 다루는 단계여서 모든 과목을 충실히 공부해야 한다.

② 연계성을 생각하는 공부

통합사회·통합과학의 과목명으로 쓰인 '통합'이라는 말 그대로 앞으로의 공부는 기존과 다르게 과목 간, 단원 간 경계 없이 확장적 사고를 요한다.

통합사회는 사회현상을 주제로 공부를 시작하지만 자연과 인간, 삶의 조화를 탐구하며 통합과학은 자연 현상을 이해하는 공부에 그치지 않고 사회문제에 대한 합리적 판단 능력을 모색하는 등 미래 사회에 필요한 소양 함양을 목표로 한다. 따라서 무엇을 공부하든 양보다 질이며 깊은 생각을 할 필요가 있다.

예를 들어 태풍에 대해 배운다면 태풍의 발생 원인과 현상뿐 아니라 사례를 통해 태풍으로 인한 인구 변화, 지역 경제 위축 등 주민 생활의 변화를 살피는 공부로 이어가야 하는 것이다.

사고의 확장이라 해서 대단히 어려운 것만은 아니다. 아래 제시하는 간단한 질문을 통해서도 가능하다.

- 지난 시간에 배웠던 내용과 어떻게 연결되는가?
- 다른 과목에서 배웠던 내용과 관련되는 부분은 무엇인가?
- TV, 영화, 책 등에서 봤던 사례를 떠올려보자
- 학습 내용이 나의 일상, 혹은 내 미래의 일상과 연관성이 있지는 않은가?

③ 사교육이 능사는 아니다

교육과정이 바뀔 때마다 사교육계는 발 빠르게 분석하여 대안을 제시한다. 아무것도 확실하지 않은 상태에서는 누군가 확실한 어조로 말을 할 때 사람들은 그것을 잘못된 정보일지라도 따르게 된다. 이번에도 다르지 않다. 이전보다 배울 과목이 늘어난다는 부담감, 지금부터 통합 사고를 훈련해야 할 것 같은 불안함에 우선 학원 등록부터 하는 학생이 많다.

하지만 개정교육과정은 아직 시작도 되지 않았고 우리들이 배울 교과서는 아직 한 권도 나오지 않았다. 아무도 경험해보지 않았으니 학원 선생님은 물론 학교 선생님, 심지어 정책을 만든 연구원도 개정교육과정이 어떻게 진행될지 모른다. 게다가 정책과 실제 운영은 다른 법이어서 뭔가 새로운 것처럼 발표는 되었지만 뚜껑을 열어보면 그게 그거일 가능성도 있다.

통합적 사고력이 강조된 것은 어제오늘의 일이 아니다. 학교에서 배운 내용을 충분히 곱씹고 반복하면 자연스럽게 이런저런 생각거리가 들러붙기 마련이니 괜히 불안을 키우지 말자.

④ 독서는 폭넓게 자율적으로

정보에 빠른 학생들 사이에서는 통합적 사고력을 위해 독서 토론 학원에 등록했다는 이야기도 들린다. 책을 많이 읽는 것 말고 별다른 방법이 떠오르지 않는다는 것인데, 책 읽는 학원이라도 가지 않으면 책 한 권 제대로 읽을 짬을 내지 못하는 것이 요즘 중학생들의 현실이기도 하다.

하지만 타율적인 독서는 어떤 의미도 없다. 꼭 읽고 싶었던 책이라도 누가 읽으라고 하면 싫어지는 것이 사람 마음 아니던가? 자율적인 책읽기여야 책에 대한 호기심과 기대를 가질 수 있고 그래야만 능동적인 사고가 가능하다.

꼭 책이 아니어도 좋다. 영화나 강연을 통해서도 큰 감동과 생각거리를 얻을 수 있다. 유튜브 같은 무료 동영상 사이트를 활용하면 훌륭하다. 유명한 학원이나 필독서 목록을 찾는 대신 가슴이 뜨거워지는 강연, 새로운 관점을 제시하는 영화, 동기부여에 도움이 되는 동영상을 찾아보자.

공부란
자신의 무지를 서서히 발견해가는 일이다.